泰州市镇村历史遗存档案

主编：唐卫华 姚 晟

编者：泰州市住房和城乡建设局

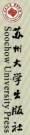
苏州大学出版社
Soochow University Press

图书在版编目(CIP)数据

留住乡愁:泰州市镇村历史遗存档案/唐卫华,姚晟主编;泰州市住房和城乡建设局编著.—苏州:苏州大学出版社,2021.11
 ISBN 978-7-5672-3739-1

Ⅰ.①留… Ⅱ.①唐… ②姚… ③泰… Ⅲ.①乡镇—地方史—历史档案—汇编—泰州 Ⅳ.①K295.35

中国版本图书馆CIP数据核字(2021)第222131号

书　　名	留住乡愁——泰州市镇村历史遗存档案
主　　编	唐卫华　姚　晟
编　　著	泰州市住房和城乡建设局
责任编辑	刘　海
装帧设计	吴　钰
出版发行	苏州大学出版社(Soochow University Press)
出 品 人	盛惠良
社　　址	苏州市十梓街1号　邮编:215006
印　　刷	苏州工业园区美柯乐制版印务有限责任公司
	E-mail:Liuwang@suda.edu.cn　QQ:64826224
邮购热线	0512-67480030
销售热线	0512-67481020
开　　本	889 mm×1 194 mm　1/16　印张:15.25　字数:207千　插页:6
版　　次	2021年11月第1版
印　　次	2021年11月第1次印刷
书　　号	ISBN 978-7-5672-3739-1
定　　价	198.00元

凡购本社图书发现印装错误,请与本社联系调换。服务热线:0512-67481020

《留住乡愁——泰州市镇村历史遗存档案》
编 委 会

总 策 划： 许向前
策划执行： 周国翠　翟　健
主　　编： 唐卫华　姚　晟
文稿编审： 黄炳煜　许庆昇
摄影编审： 陈富平
协调联络： 徐丽丽　张　弛　沈江山
参与单位： 泰州市城建档案馆
　　　　　　　泰州市住建局村镇建设处
　　　　　　　靖江市城建档案馆
　　　　　　　靖江市住建局村镇建设科
　　　　　　　泰兴市城镇建设档案馆
　　　　　　　泰兴市住建局城乡建设科
　　　　　　　兴化市住建局村镇建设科
　　　　　　　兴化市城乡建设档案馆
　　　　　　　姜堰区建设档案馆
　　　　　　　姜堰区住建局村镇建设科
　　　　　　　海陵区住建局村镇建设服务中心
　　　　　　　医药高新区（高港区）住建局村镇建设科

前言

乡愁是什么？乡愁是村口老榆树上的鸟叫蝉鸣，乡愁是童年嬉水的小桥流水，乡愁是依托于旧时光的一种记忆，它根植在每一位游子的梦境，时不时闪出来，照亮回家的路。

早在约7000年前，泰州地区就有先民聚居，形成了江淮大地上最早的村落。经过长期的自发建设与发展，从沿江到里下河地区，泰州广阔的沃野上分布了大量的村庄。《道光泰州志》"疆域"部分记载了全境1174个聚落地名，这些村庄多数至今还有迹可循。在泰州大地上，不同地域的村庄呈现出丰富的多样性，这些村庄里，空间形态、河流水系、建筑组群、街巷井桥、古树名木、风俗民情，往往成为乡愁记忆的主要对象，寄托了游子的乡愁。

近现代以来，不少村庄的原生个性逐渐失去，连片上规模的传统村落群和自然生态风貌依旧的传统村落越来越少，除了少数古建筑被列为文物保护单位，得到一定保护外，传统村落整体上处于物质性老化和功能性衰退同时加剧的状态，乡愁的延续感被打断，那些安放身世、见证成长的旧物和记忆，已经所存无多。可喜的是，近年来，在新农村建设蓬勃推进，镇村环境极大改善的同时，保护传统村落和历史文化遗存，已成为全社会的共识，各地都把传统村落和历史文化遗存作为重要的地方特色。目前泰州地区已申报成功1个中国传统村落、31个江苏省传统村落，这些村落里的遗存已得到较好的保护和记录。尤其是溱潼、黄桥、沙沟这3个中国历史文化名镇，有大量的成果得到展示，并广为人知。然而，还有不少遗珠散落在更多的镇村。泰州市住房和城乡建设局组织编写本书，将不易受关注的那些散落在域内镇村的传统民居、寺庙、古树名木、古井古桥、红色遗迹、民俗节庆等历史文化遗存发掘出来，集中汇编展示，旨在更广泛地保护和发展传统村落，建设特色文化村庄，打造乡愁记忆载体。

席慕蓉说："乡愁是一棵没有年轮的树，永不老去。"期待本书中记录的那些遗存能像没有年轮的树一样，长久留存在它们的村落里，永不老去。

Contents
目　录

海陵区

　　古盐运河（老通扬运河）／ 3
　苏陈镇 ／ 5
　　张家院社区 ／ 5
　　　陈氏住宅 ／ 5
　　苏陈社区 ／ 7
　　　苏北党校旧址 ／ 7
　华港镇 ／ 8
　　溪西村 ／ 8
　　　观音阁 ／ 8
　　　接引庵 ／ 10
　　溪东村 ／ 11
　　　圣莲禅院 ／ 11
　　　大庙前殿 ／ 11
　　徐家垛村 ／ 12
　　　桥头抱鼓石 ／ 12
　　桑湾村 ／ 13
　　　如意庵 ／ 13
　　李家庄村 ／ 14
　　　复兴庵 ／ 14

泰州医药高新区（高港区）

　白马镇 ／ 16
　　白马社区 ／ 16
　　　人民海军诞生地旧址 ／ 16
　许庄街道 ／ 18
　　蔡庄村 ／ 18

1

>>> 目 录

　　　　通南地区散点状村庄 / 18
　　　　蔡氏庄园及民族产业建筑 / 18
　　　　重建孝女石坊及原构件 / 23
　　许庄社区 / 24
　　　　通南地区散点状村庄（许庄街道许庄社区全景）/ 25
　　　　杨宅砖雕大门 / 26
　　　　古银杏林 / 27
　　三旗营社区 / 28
　　　　东岳庵 / 28
口岸街道 / 29
　　引江社区 / 29
　　　　洗觉桥 / 29
　　田河社区 / 30
　　　　田河烈士陵园 / 30
永安洲镇 / 31
　　新街社区 / 31
　　　　长江江堤 / 31
寺巷街道 / 32
　　小王社区 / 32
　　　　毛氏宗祠 / 32

姜堰区

天目山街道 / 34
　　单塘社区 / 34
　　　　单塘河新石器时期遗址 / 34
　　山水社区 / 35
　　　　天目山古城遗址 / 35
白米镇 / 36
　　白米镇镇区 / 36
　　　　白米老街及街前的古运盐河 / 37

白米百姓游园 / 37
胡裕泰茶庄 / 38
马沟村 / 39
马沟阻击战纪念碑 / 39
孔庄村 / 39
孔庄阻击战纪念碑 / 39
蛙庄村 / 40
白米法华庵 / 40
野沐村 / 40
蒋氏宗祠 / 40
千年银杏树 / 41

溱潼镇 / 42
湖西社区 / 42
秋水庵 / 42
万富老窑 / 42
洲城村 / 43
黄界田遗址 / 43
洲南村 / 43
老砖窑 / 43
孙楼村 / 44
塌鼻子楼 / 44
湖南村 / 45
里下河地区团状村庄 / 45
民居 / 46
古黄杨树 / 47
湖南砖拱桥 / 47
西陈庄村 / 48
里下河地区团状村庄 / 48
李氏宗祠 / 49
百年老宅（中医宅） / 49
三里泽村 / 50
三里泽遗址 / 50

古宝福寺 / 51
　　　玄帝庙匾额 / 51
　　龙港村 / 52
　　　徐氏宅 / 52
淤溪镇 / 53
　　马庄村 / 53
　　　法华寺 / 53
　　　谢希贤老宅 / 53
　　靳潭村 / 54
　　　西林庵 / 54
　　　砖拱桥 / 55
　　杨庄村 / 55
　　　卢氏宗祠 / 55
　　　普福庵古银杏树 / 56
　　　月塘医馆 / 56
　　潘庄村 / 57
　　　潘庄南桥 / 57
　　　潘庄北桥 / 57
　　武庄村 /58
　　　大兴庵 / 58
　　吉庄村 / 58
　　　龙华庵 / 58
　　　吉社桥 / 58
　　周庄村 / 59
　　　里下河地区团状村庄 / 59
　　　千垛田园 / 61
　　　鲍老湖遗址 / 61
俞垛镇 / 62
　　南野村 / 62
　　　南野积善桥 / 62
　　忘私村 / 62
　　　忘私井 / 62

姜茅村 / 63
　　姜氏宗祠 / 63
柳官村 / 63
　　陶氏宅 / 63
　　柳官大会堂 / 64
横庄村 / 64
　　古真武庙 / 64
俞耿村 / 65
　　吴尚先行医处与古黄杨树 / 65
叶甸村 / 65
　　桂花古树、香橼、龙柏 / 65
　　钱氏住宅 / 66
花庄村 / 67
　　叶氏住宅 / 67
　　古黄杨树 / 67
　　神童关侯王殿 / 68
仓场村 / 68
　　祖师庙 / 68
　　古海陵仓遗址 / 70
　　砖拱桥 / 70
角墩村 / 71
　　古井 / 71

顾高镇 / 71
　　千佛村 / 71
　　　　千佛寺 / 71
　　　　古银杏树 / 71
　　　　徐克强烈士墓园 / 72

蒋垛镇 / 72
　　蒋垛镇镇区 / 72
　　　　苏维埃公园 / 72
　　许庄村 / 73
　　　　百年老宅 / 73

百年桑树 / 73
梁徐街道 / 74
　　周埭社区 / 74
　　　　六角井 / 74
　　　　八角井 / 74
　　前时社区 / 75
　　　　陈炳之宅 / 75
　　葛联社区 / 75
　　　　草房 / 75
三水街道 / 76
　　西查社区 / 76
　　　　关帝庙 / 76
　　　　净逸庵 / 76
　　状元社区 / 77
　　　　刘状元拴马房 / 77
　　　　原桥头镇关帝庙 / 78
　　　　怡和寺 / 78
　　小杨社区 / 79
　　　　龙尾田遗址 / 79
　　　　里下河民俗馆 / 79
　　杏林社区 / 80
　　　　福兴寺 / 80
　　　　青莲庵 / 80
　　陆庄社区 / 81
　　　　徐氏宅 / 81
　　　　陆庄民居 / 81
　　西陆社区 / 82
　　　　夏氏宗祠 / 82
　　李堡社区 / 82
　　　　花氏宅 / 82
大伦镇 / 83
　　土山村 / 83

千年银杏 / 83
桥东村 / 83
　如来寺 / 83
茆戚村 / 84
　崇实学堂 / 84
麻墩村 / 84
　麻墩义井 / 84

娄庄镇 / 85
娄庄镇镇区 / 85
　娄庄老街 / 85
团结村 / 85
　黄重宪故居 / 85

张甸镇 / 86
三野村 / 86
　徐克强办公旧址 / 86
　苏中七战首战七纵指挥部驻地纪念碑 / 86
宫王村 / 87
　万善庵 / 87
张前村 / 87
　长生庵 / 87

靖江市

季市镇 / 90
季东村 / 90
　朱氏老宅 / 90
　胡氏老宅 / 91
　朱家大院 / 92
　印庄巡检司衙署 / 93
　黄氏贸易商行 / 94
　青龙寺 / 95
安武村 / 96

中共靖江县委弯腰沟旧址及红色文化旅游基地 / 96

生祠镇 / 97
 生祠镇镇区 / 97
  刘国钧故居 / 97
  岳飞生祠 / 98
 红英村 / 99
  文昌宫 / 99
  叶飞将军南下驻留地 / 100

孤山镇 / 100
 孤山镇镇区 / 100
  孤山 / 100
  孤山寺 / 101
  孤山寺古石刻 / 103
  孤山寺蹑云坊 / 104
  孤山寺摩崖石刻 / 104
  原靖江革命烈士陵园 / 105

马桥镇 / 105
 经纶村 / 105
  靖江抗日烈士陵园 / 105
 徐周村 / 106
  孙家老宅 / 106

靖城街道 / 108
 江华社区 / 108
  十圩港西炮台 / 108

斜桥镇 / 109
 新华村 / 109
  夏仕港闸题词石碑 / 109

新桥镇 / 111
 新合村 / 111
  沿江圩区带状分布村庄 / 111
 德胜村 / 112
  沿江圩区带状分布村庄 / 112

8

东兴镇 / 112
　　东兴村 / 112
　　　旧志五桥 / 112

泰兴市

宣堡镇 / 114
　　银杏村 / 114
　　　通南地区散点状村庄 / 114
　　　古井 / 114
　　　德卿塔与百年梓树 / 115
　　　复兴庵 / 116
　　　古银杏树"步云塔" / 117
　　　宣堡古银杏群落 / 119
　　　古银杏树"聚仙峰" / 120
　　张河村 / 121
　　　通南地区散点式村庄 / 121
　　　张河古银杏群落 / 121

曲霞镇 / 122
　　印达村 / 122
　　　印达烈士陵园 / 122

古溪镇 / 122
　　刁网村 / 122
　　　中共江浙区泰兴独立支部旧址 / 122

黄桥镇 / 123
　　严徐村 / 123
　　　黄桥战役苏北指挥部旧址纪念碑亭 / 123

滨江镇 / 124
　　长沟村 / 124
　　　玄坛庙古戏台 / 124

延令街道 / 125
　　大生村 / 125

大生桥 / 125
根思乡 / 126
　　根思村 / 126
　　　　杨根思烈士陵园 / 126
新街镇 / 127
　　南新街村 / 127
　　　　杨村庙烈士堂 / 127
姚王街道 / 127
　　新镇居委会 / 127
　　　　姚庄葛氏住宅 / 127
　　封岱村 / 128
　　　　引秀桥 / 128
张桥镇 / 128
　　镇西村 / 128
　　　　接引禅寺银杏树 / 128

兴化市

安丰镇 / 130
　　肖家村 / 130
　　　　兴化县政府旧址 / 130
　　盛家村 / 130
　　　　华中二分区革命烈士纪念塔 / 130
昌荣镇 / 131
　　木塔村 / 131
　　　　木塔寺 / 131
　　　　木塔寺黄梅树 / 131
陈堡镇 / 132
　　蒋庄村 / 132
　　　　集贤禅寺、都天庙与百年银杏树 / 132
　　　　吉祥寺 / 133
　　　　都天庙会 / 135

唐庄村 / 136
　　积善桥 / 136
　　鼎盛理发店 / 136
　　麻石街 / 137
　　鸬鹚捕鱼 / 137
宁乡村 / 137
　　太平桥 / 137

城东镇 / 138
张家村 / 138
　　高谷墓 / 138

大垛镇 / 139
管阮村 / 139
　　里下河村庄 / 139
　　古民居 / 140
　　大会堂 / 140
　　郑板桥墓园 / 141
大垛镇镇区 / 142
　　新乐池浴室 / 142
　　顺成银楼 / 142

大营镇 / 144
大营村 / 144
　　兴化抗日阵亡将士纪念塔 / 144

戴南镇 / 145
黄夏村 / 145
　　黄岱王氏宅 / 145
　　精贤桥 / 145
徐唐村 / 146
　　安乐桥、太平桥、雄黄桥 / 146
　　福兴庵 / 147
　　张氏百忍堂 / 148
戴南镇镇区 / 148
　　护国寺 / 148

刘家桥 / 149
史堡村 / 149
　山元庵 / 149
　陈氏宗祠 / 149

戴窑镇 / 150
　古牛村　东古自然村 / 150
　　东古遗址 / 150
　窑南村 / 151
　　戴窑窑址 / 151
　韩窑村 / 151
　　韩氏宗祠 / 151
　　韩贞墓 / 152
　戴窑镇镇区 / 152
　　中共兴化县委成立旧址 / 152

荻垛镇 / 153
　荻垛村 / 153
　　万盛桥 / 153
　　董氏家教碑 / 153

钓鱼镇 / 154
　南赵村　新坟头自然村 / 154
　　杨果墓 / 154

垛田街道 / 154
　芦洲村 / 154
　　耿家垛遗址 / 154

海南镇 / 155
　老舍村 / 155
　　百年皂角树 / 155

林湖乡 / 155
　戴家村 / 155
　　南荡遗址 / 155
　魏东村 / 156
　　影山头遗址 / 156

临城街道 / 156
 刘陆村 / 156
  刘氏住宅 / 156
茅山镇 / 157
 茅山镇镇区 / 157
  景德禅寺 / 157
  唐代水井 / 157
  茅山东岳庙 / 158
  茅山会船 / 158
千垛镇 / 159
 苏宋村 / 159
  民兵哨所 / 159
 荡朱村 / 159
  朱楠进士第 / 159
 东罗村 / 160
  水乡村庄 / 160
  大会堂 / 160
  水龙 / 161
 东旺村 / 162
  千垛景区 / 162
 黑高村 / 163
  高氏祠堂 / 163
  古黄杨树 / 163
 姜戴村 / 164
  大会堂 / 164
  戴氏宗祠 / 164
 缸顾村 / 165
  顾氏宗祠 / 165
沙沟镇 / 166
 高桂村 / 166
  高庄高氏住宅 / 166
 官河村 / 166

李氏家祠 / 166
　　　李氏住宅 / 166
　　时堡村 / 167
　　　石拱桥（迎仙桥）/ 167
　　　石码头 / 167
　　石梁村 / 168
　　　水乡民居群 / 168
　　　古民居 / 169
沈伦镇 / 171
　　薛鹏村 / 171
　　　石板街 / 171
　　　沿街二层建筑 / 171
　　　大叶女贞树 / 171
　　沈伦镇镇区 / 172
　　　沈伦都天庙 / 172
　　　沈伦米厂 / 172
陶庄镇 / 173
　　卞堡村 / 173
　　　幸福桥 / 173
　　焦庄村 / 173
　　　永盛庵 / 173
　　　焦庄人民大会堂 / 174
　　南柯堡村 / 175
　　　王氏住宅 / 175
　　　福星桥 / 175
　　王寺村 / 176
　　　法华庵 / 176
　　　太平桥 / 176
　　乌金村 / 177
　　　乌金供销社 / 177
　　　共乐桥 / 177
新垛镇 / 178

施家桥村 / 178
 施耐庵墓 / 178
 施让墓 / 179
 施廷佐墓 / 180
 施耐庵故居 / 180

永丰镇 / 181
 沙仁村 / 181
  刘熙载墓 / 181

张郭镇 / 182
 蒋庄村 / 182
  蒋庄遗址 / 182
 张纪村 / 184
  福星桥 / 184

昭阳街道 / 185
 北山村 / 185
  昭阳墓 / 185

中堡镇 / 186
 东皋村 / 186
  陆孔修陵园 / 186
  陆氏宗祠与签司庙 / 186

周庄镇 / 187
 边城社区 / 187
  当铺街周氏宅 / 187
  马家巷张宅 / 187
  周氏当铺 / 187
  报恩庵 / 188
 周郊村 / 188
  顾五巷四进民居 / 188
  顾氏民居 / 188
 邹牛村 / 189
  罗汉寺 / 189
 周庄镇镇区 / 191

　　　　颜氏住宅 / 191

　　　　徐氏民居 / 191

　　　　周庄渔行 / 192

　　　　周庄石板街 / 192

　　西坂伦村 / 193

　　　　坂伦初中旧校址 / 193

　　　　粮站 / 193

竹泓镇 / 194

　　竹泓镇镇区 / 194

　　　　繁荣街民居 / 194

　　　　宗启泰宅 / 194

　　　　西桥巷民居 / 195

　　　　孙氏宗祠 / 195

　　　　永宁泉浴室 / 195

　　　　粟裕办公处 / 195

泰州市镇村历史遗存索引 / 196

后记 / 206

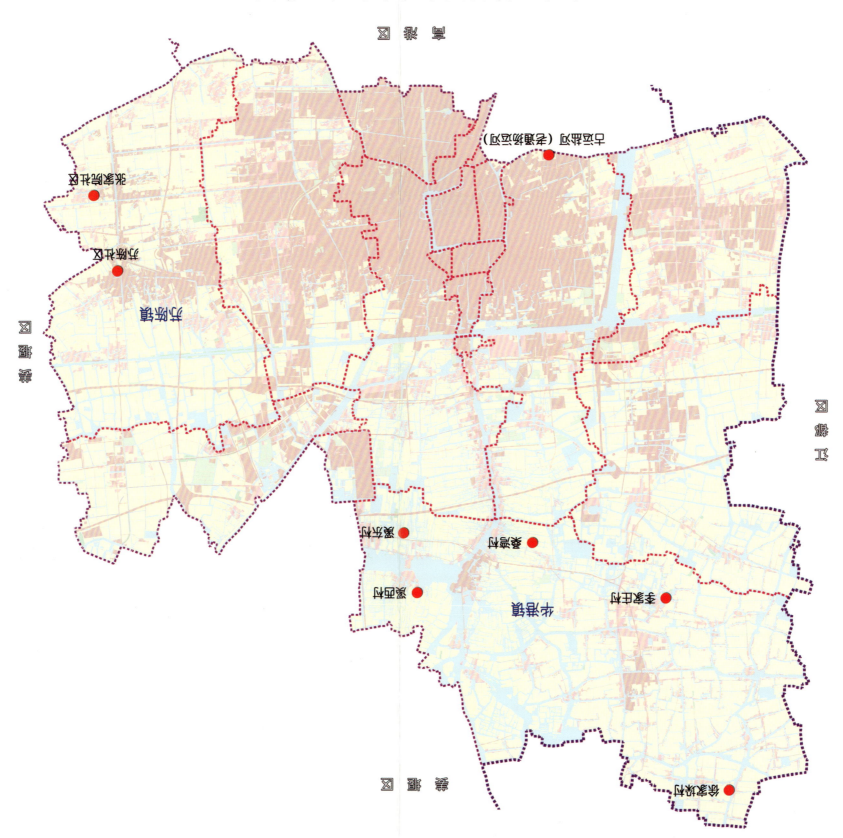

海陵区

海陵区

古盐运河（老通扬运河）

　　古盐运河系汉初吴王刘濞组织开挖，西起广陵茱萸湾（今扬州湾头），东经海陵（今泰州）至海边盐场蟠溪（今如皋东陈），用于运盐，是我国第一条专为运盐而开挖的人工运河。中华人民共和国成立后，又新开从扬州向东经泰州北侧至南通的运河，名"新通扬运河"，原从泰州城南侧经过的盐运河，俗称"老通扬运河"。

　　图中左侧河道为古盐运河，从泰州城南高桥等桥下流过；右侧河道为泰州城河东南段

左上图为古盐运河畔的江淮阁（位于泰州九里沟）

左中图为古盐运河泰州红庙转弯往塘湾方向

左下图为古盐运河苏陈镇龙净古寺前河边古银杏

苏陈镇

张家院社区

陈氏住宅

陈氏住宅建于民国初年，青砖小瓦，旧有房屋百余间，占地20余亩。中华人民共和国成立后，曾为收纳农民公粮粮库。现存东南角部分房屋，有2层小楼1座，主体建筑有前后各5进的厅屋、花厅、堂屋2排，另有厢房、偏房等，计40余间，规模较大，保存尚好。

上图为陈宅粮库现状
右中图为住宅全景
右下图为东南角小楼及楼旁房屋

左上图为面阔4间的房屋
左下图为层层出挑的屋檐
下图为卷棚结构的厢屋

苏陈镇

苏陈社区

苏北党校旧址

苏北党校旧址位于苏陈老街北侧，系民国时期当地郭姓地主所建，人称"郭家大场"。大门3间面东，两边厢房4间。主体建筑有砖雕仪门，厅堂3进，每进6间，另有厢房、花厅、偏房等，计40余间。1949年5月至1950年1月，中共苏北区委党校设于此，曾培训13期党员共5650人，后改为苏陈实验小学，2021年进行了全面修缮。

上左图为主体建筑
上右图为旧址部分主体建筑
右上图为大门正面
右中图为大门内侧左右的厢房
右下图为主体建筑东立面及仪门

华港镇

溪西村

观音阁

观音阁位于上溪西溪庄原北夹河上,始建于明代。阁建于庙上,庙立于桥上,桥架在河上,这种情况在里下河地区少见。阁下庙的前檐为过道,安有五色石板,东西两边各有一圈门。庙上的阁为歇山屋面,用大木作,檐下安斗拱,前带4桁卷棚,供奉观音菩萨像。2009年曾进行过一次大修。

左上图为观音阁下层前檐通道
左中图为五色石板
左下图为观音阁阁楼

右图为观音阁阁楼内明代梁架
下图为观音阁阁楼内雕塑

华港镇

溪西村

接引庵

接引庵位于华港镇溪西村，始建年代无考，民国二年（1913）重修，现有庙门3间，大殿3间及两侧厢房，中为天井。

左上图为接引庵大殿南立面
左中图为接引庵大门及西墙
左下图为接引庵全景

华港镇

溪东村

圣莲禅院

圣莲禅院始建于清代早期,大殿廊前有木质格子栏杆,院内收藏有古石鼓,保存较好。

右图为圣莲禅院院门

华港镇

溪东村

大庙前殿

该庙村民称之为"大庙",仅剩大殿,殿面阔3间,进深7檩。

右图为大庙前殿南立面前廊及门窗

华港镇

徐家垛村

桥头抱鼓石

石鼓原系村中民居门前装饰，后被移置于村内新桥桥头。

华港镇

桑湾村

如意庵

如意庵为清代建筑,保存较好,西侧墙体上原有石碑一方,刻有该庙历史。清道光年间,泰州学者夏荃先生曾至此抄录碑文,今石碑已散佚。

下图为如意庵殿前立面门窗

华港镇

李家庄村

复兴庵

复兴庵始建于清代，前后2进，后进正殿前檐高3.4米，脊高6.7米，内立有经幢1座。

左上图为复兴庵第一进庵门

左中图为复兴庵第二进正殿

左下图为复兴庵经幢

14

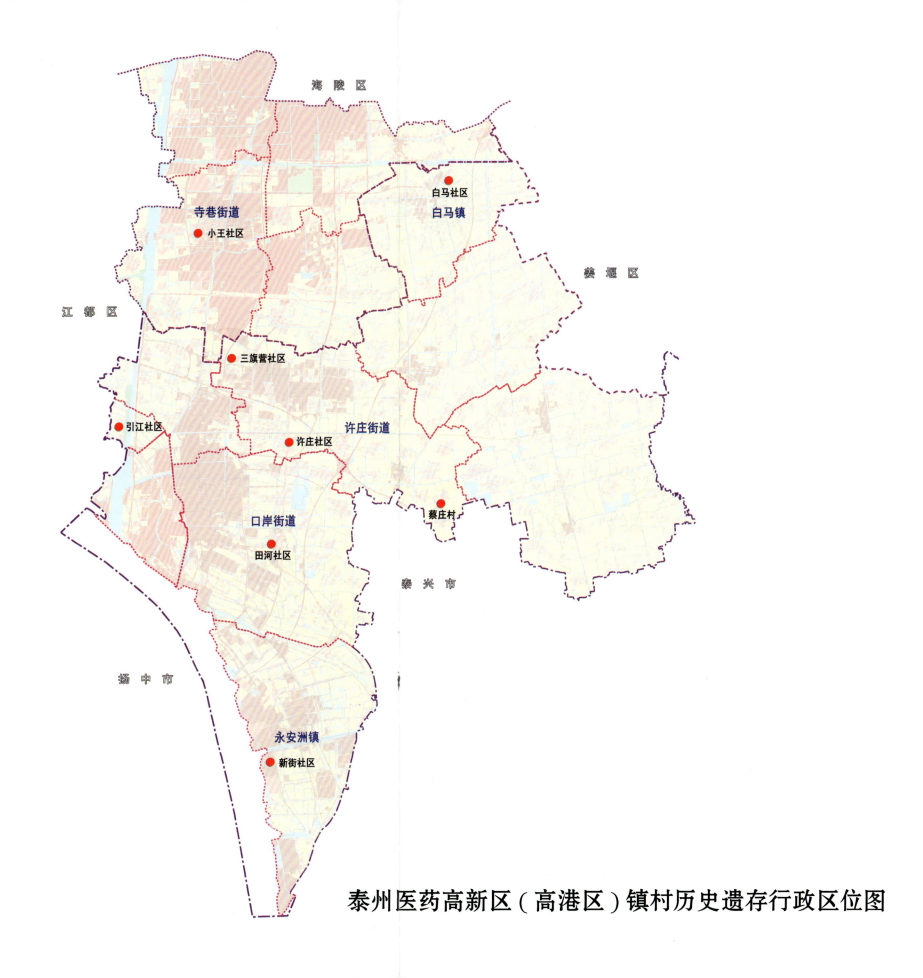

泰州医药高新区（高港区）镇村历史遗存行政区位图

泰州医药高新区(高港区)

白马镇

白马社区

人民海军诞生地旧址

　　白马庙海军诞生地旧址，原是王姓地主庄园，后为渡江战役东线指挥部所在地。1949年4月23日，中国人民解放军华东军区海军在这里宣告成立。1989年2月17日，中央军委正式确定泰州白马庙为中国人民解放军海军诞生地。

　　上图为人民海军诞生地旧址周边现状
　　左上图为人民海军诞生地旧址东大门
　　左中图为人民海军诞生地旧址小楼
　　左下图为人民海军诞生地旧址楼上会议室

右上图为粟裕办公室及卧室
右中图为张震办公室及卧室
右下图为张爱萍办公室及卧室

通南地区散点状村庄

许庄街道

蔡庄村

蔡氏庄园及民族产业建筑

蔡氏庄园，始建于清朝晚期，中华人民共和国成立后曾被改为面粉加工厂等。现保留有西侧与北侧两部分旧民居和面粉加工厂车间、水塔、机械设备等。

上图为许庄街道蔡庄村全景

左上图为西部4进古民居
左中图为西部旧民居局部
左下图为西部旧民居第二进前天井

右上图为天井中水井

右中图为西部旧民居第二进东边间室内标语之一

右下图为西部旧民居第二进东边间室内标语之二

下图为东部北侧最后一进旧民居建筑

左图一为西部旧民居设置的消防水缸
左图二为旧民居内部梁架
左图三为旧民居房屋前檐
左图四为旧民居房屋内木质柱础

上图为面粉加工厂之一
右上图为面粉加工厂之二
右中图为面粉加工厂水塔
右下图为面粉加工厂厂房
内部之一

左上图为面粉加工厂厂房内部之二
左中图为面粉加工厂厂房内部之三
左下图为面粉原料输送机

重建孝女石坊及原构件

右上图为重建孝女石坊（流沙河题"郡王庄"）
右中图为孝女石坊原石构件之一
右下图为孝女石坊原石构件之二
下左图为孝女石坊原石构件之三
下右图为孝女石坊原石构件之四

许庄街道

许庄社区

通南地区散点状村庄（许庄街道许庄社区全景）

杨宅砖雕大门

杨氏老宅为清代建筑,大门面东,青砖砌筑,檐下磨砖雕刻精致,当中有"福"字,旁有"寿"字和钱币纹等,下有一对刻花卉纹方形石鼓,门背面雕凤凰牡丹、喜鹊梅花等吉祥图案。

左上图为杨宅砖雕大门正面

左下图为杨宅砖雕大门背面

古银杏林

　　许庄古银杏栽植于晚清时期，计400余棵，枝繁叶茂。

上图为古银杏林全貌
右图为古银杏林局部

许庄街道

三旗营社区

东岳庵

东岳庵旧有建筑一组,后在其西侧新建规模较大仿古寺庙建筑一组。

上图为原有的东岳庵南立面

左图为新建的东岳庵大雄宝殿

口岸街道

引江社区

洗觉桥

洗觉桥,又名"永安桥",架于旧北固江上,为清代2墩3孔古石板桥。桥面由9块长条形金山石铺成,两边石上各有3个圆形图案,分别刻"洗觉桥"和"永安桥"。一桥两名,保存较好。

右上图为洗觉桥及桥下河道,河道旧名"北固江"
右中图为洗觉桥侧面
右下图为洗觉桥桥面

口岸街道

田河社区

田河烈士陵园

陵园内安葬1949年5月中国人民解放军第二十军第二十师在渡江战役中光荣牺牲的烈士及其他烈士，内有原泰兴县人民委员会于1965年12月所立的"烈士公墓"碑，另有中国人民解放军华东警备六旅十六团参谋长叶明章烈士墓。

左上图为陵园大门
左下图为陵园内烈士碑铭

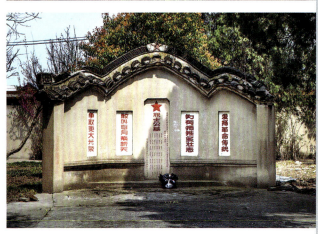

永安洲镇

新街社区

长江江堤

泰州共有长江岸线 97.8 千米，堤防 167.7 千米。江堤构筑年代不一，多为清末以来长江江道相对稳定以后陆续修建，近年又实施了江堤防洪能力提升工程，示范区内的通江建筑物已串联成珠，形成了一条独特的沿江风光带。

上图为泰州境内的一段长江江堤

寺巷街道

小王社区

毛氏宗祠

毛氏宗祠位于寺巷街道小王社区，始建于清嘉庆年间，坐北朝南，青砖黛瓦，前后3进，第一进为牌坊式，面阔3间，两侧有小厢房，第二进与第三进间有棵百年银杏树，2015年由族人进行过大修。

左图一为毛氏宗祠大门

左图二为第一进与第二进间天井，两侧为小厢房

左图三为毛氏宗祠第三进

左图四为毛氏宗祠第三进建筑，内供奉毛氏祖先塑像与牌位

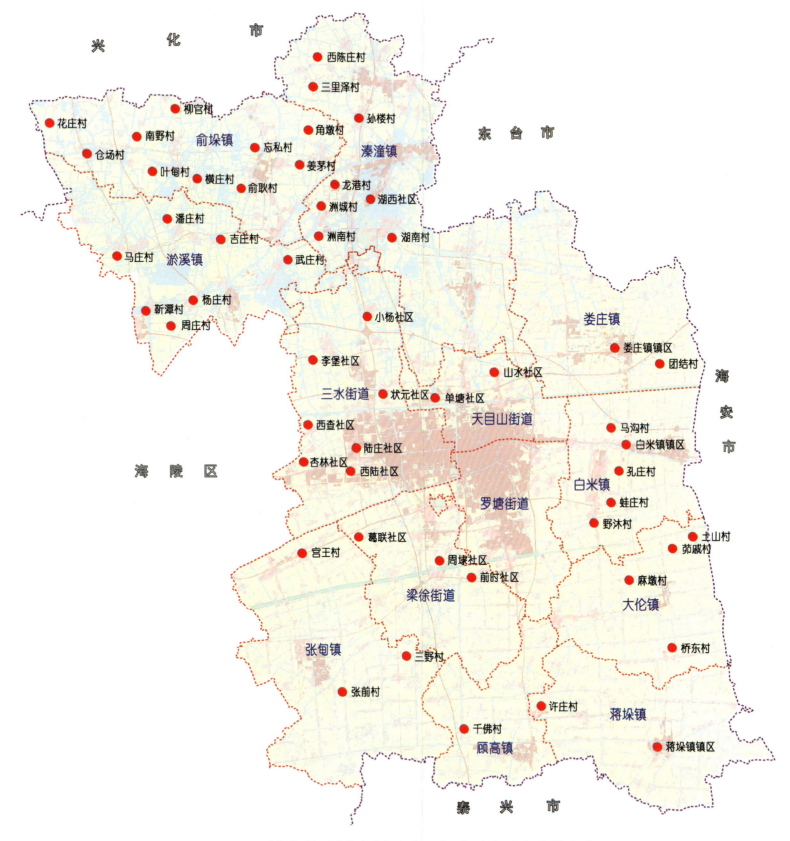

姜堰区镇村历史遗存行政区位图

姜堰区

天目山街道

单塘社区

单塘河新石器时期遗址

单塘河新石器时期遗址位于姜堰三水大道与新通扬运河交会处的西南角，四周环水，西是中干河，南为单塘河，东西长282米、南北宽143米，占地约4万平方米。遗址距地表2~3米，曾出土有柄石刀、石箭镞、骨箭镞、骨针、玉坠和夹砂红陶、黑陶残片等器物，距今约4000年。

左上图为遗址部分地貌

左中图为遗址出土的陶器残片

左下图为遗址出土的有柄石刀

天目山街道

山水社区

天目山古城遗址

天目山古城遗址四面环水，占地约 3.5 万平方米，距今约 3100 年。2000 年及 2003 年曾进行过考古发掘，揭示出古城遗貌分为外城、内城。外城城墙夯土堆筑，呈梯形，底宽约 20 米、残存高约 1 米。还发现台基、房址、灰坑、排水沟等遗迹。出土有陶、铜、石、骨、蚌等器物。

上图为天目山古城遗址一角

右图一至右图四为天目山古城遗址出土的陶器

白米老街及街前的古盐运河

白米镇

白米镇镇区

白米百姓游园

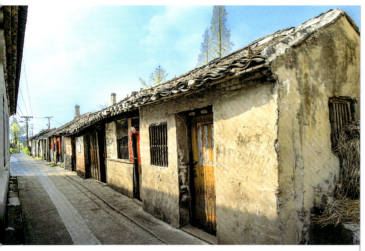

胡裕泰茶庄

胡裕泰茶庄位于白米古盐运河北岸上西街巷8—10号，系安徽茶商胡增鑫于1942年开设。茶庄坐北朝南，硬山顶，砖木结构，前后3进，皆面阔3间。

左上图为茶庄前老街
左中图为茶庄店面
左下图为茶庄前后3进房屋侧面

白米镇

马沟村

马沟阻击战纪念碑

1945年8月23日，新四军苏中独立旅第十四团奉命阻击日军一个中队及伪军一个连，激战三个多小时，毙伤日伪军50余人。为纪念该战役，1995年8月，在马沟村竖立"马沟阻击战纪念碑"，碑文记述了此战经过和意义。

右图为纪念碑正立面

白米镇

孔庄村

孔庄阻击战纪念碑

1948年6月6日，华中野战军32旅华中一分区一团奉命对国民党军发起包抄进攻，毙敌300余人，俘敌50余人，我方连长郭兵壮烈牺牲，我方伤亡200余人。1998年6月竖立"孔庄阻击战纪念碑"，碑高11米，碑文记述战斗经过及其意义。

右图为纪念碑正立面

白米镇

蛙庄村

白米法华庵

白米法华庵建于清初,现存山门、大殿、厢房各3间。大殿坐北朝南,面阔3间,硬山顶,前带廊轩。山门上方嵌"法华庵"石额。

左图为法华庵山门

白米镇

野沭村

蒋氏宗祠

蒋氏宗祠始建于清代中晚期,现有祠大门及祠堂组成的院落。祠堂面阔3间,抬梁式梁架,硬山盖蝴蝶瓦,高屋脊,格栅门,砖木构件上有珍禽瑞兽、奇花异草、人物戏文等图案,还有千年古银杏1株。

左图为蒋氏宗祠院落全景

右上图为蒋氏宗祠大门
右中图为蒋氏宗祠正屋

千年银杏树

右下图为蒋氏宗祠院内千年古银杏

溱潼镇

湖西社区

秋水庵

秋水庵建于清咸丰、同治年间，民国初年整修。现存庵门、大殿、偏殿等，大殿3间，面阔10.8米，进深7檩，硬山屋面，脊头设鸱吻和拒雀叉，中置承露瓶，檐下虎面纹瓦当、龙凤纹滴水；偏殿3间，厢房1间。门两侧安石鼓，额上嵌"古秋水庵"石额。庵内还藏有明青花仿博山炉、长明灯及楠木香案等古物。

左上图为秋水庵大门及门前石额、抱鼓石

万富老窑

万富老窑又称"湖西庄砖窑"，始建于清乾隆年间（1736—1795），光绪二十三年（1897）整修，20世纪70年代再修，4座馒头形窑连体，烧制青砖、望砖、罗底砖、蝴蝶瓦、瓦当、滴水、鸱吻、脊兽等。

左中图为万富老窑窑连体一角

左下图为万富老窑窑门

溱潼镇

洲城村

黄界田遗址

1998年年底，在距地表约1.5米处发现石斧，有圆孔，磨制精细，系新石器时代器物。石斧出土处三面环水，面积约3万平方米。

右图一为考古人员在石斧出土处考察

右图二为遗址出土的磨制石斧

溱潼镇

洲南村

老砖窑

老砖窑为烧制砖瓦的连体窑。

右图三为老砖窑外景
右图四为老砖窑窑门

溱潼镇

孙楼村

塌鼻子楼

塌鼻子楼始建于清末,两层,原系诨名"塌鼻子"的大地主的住宅,砖木结构,建筑体量较大。

左上图为塌鼻子楼楼屋上层

左下图为塌鼻子楼内部梁架

溱潼镇

湖南村

湖南村位于溱湖南，为里下河地区团状村庄。

里下河地区团状村庄

民居
　　左图一为青砖黛瓦的民居
　　左图二为民居中的两层楼屋侧面
　　左图三为古民居并列的大门
　　左图四为古民居间的小巷

古黄杨树

　　古黄杨树位于湖南村南河北巷,树龄距今百年有余。

　　右上图为古黄杨树

湖南砖拱桥

　　古砖桥,砖砌单孔,桥面铺青砖,中高边低,全长16.4米,面宽2.1米。

　　右中图为砖拱桥正面
　　右下图为桥砖栏及侧面

里下河地区团状村庄典型

溱潼镇

西陈庄村

西陈庄村为团状组合，与水相邻。

上图为河水围绕的村庄
左上图为村庄、河水与农田
左下图为四面环水的团状村庄

李氏宗祠

李氏宗祠，青砖小瓦，砖木结构，始建于清代中期，面阔3间，坐北朝南，今为商店。

右图一为李氏宗祠偏西的大门

右图二为李氏宗祠大门上方砖雕

百年老宅（中医宅）

百年老宅（中医宅）位于庄台中心，建于清末，青砖小瓦，砖木结构，硬山屋面，宅内梁架具晚清特色，占地面积200平方米，原宅主行医。

右图三为房屋多间并列的百年老宅

右图四为百年老宅房屋立面

溱潼镇

三里泽村

三里泽遗址

三里泽遗址，古地名"洋馒头""御厨房"，明代称"三里泽"，是一处古文化遗址，连绵分布于河道旁，沿河断面可见 0.8 米厚的文化层，面积约 10 万平方米。2000 年发现有唐代青瓷碗、盘、碟、盏，泥质灰陶缸、罐等器物残片，筒瓦、莲花纹瓦当、滴水等建筑构件，以及宋代古井、白瓷碗、盆、盘、青瓷罐、碗残片和窖藏等。还发现银锭 4 只，总重 8.16 千克。

上图为位于水乡河畔的三里泽遗址

左上图为三里泽遗址出土的宋井砖

左中图为三里泽遗址出土的陶罐

左下图为三里泽遗址出土的银锭

古宝福寺

右图一为新建古宝福寺大雄宝殿与宝福寺旧山门

右图二为新建古宝福寺山门

右图三为民国十一年（1922）古宝福寺山门石额

玄帝庙匾额

右图四为光绪三十年（1904）玄帝庙匾额

溱潼镇

龙港村

徐氏宅

徐氏宅系清代建筑，青砖小瓦，有门厅、厅屋及厢房。

左上图为徐氏宅的门、窗及部分前檐

左下图为徐氏宅内部边山梁架及山墙

淤溪镇

马庄村

法华寺

法华寺古名"法华庵"，创建于明代万历年间（1573—1620），旧有佛殿3座，房屋20余间。现存古佛殿（敬善坛）1座3间，青砖小瓦，磨砖博缝，木构梁架，卷棚顶前廊，保存完整。21世纪以来，又新建了纪念堂、义校堂、天王殿、大雄宝殿、西厢走廊、东湖花园等，占地4300多平方米。

右上图为法华寺新建庵门
右中图为法华寺大雄宝殿

谢希贤老宅

谢希贤老宅建于清晚期，青砖小瓦，砖木结构，门楼2间，正屋3间。

右下图为谢希贤老宅大门及屋檐砖细

淤溪镇

靳潭村

西林庵

西林庵始建于清乾隆年间，后有兴废，现已重建，有山门，门后加有四方亭，大殿重檐。庵内有精美木雕亭1座。

左上图为西林庵大殿

左中图为西林庵新建山门

木雕古亭，清嘉庆二十三年（1818）制成，榫卯结构，高3.15米，六边形，重檐顶，檐下设斗拱，中部分内外两层，外安雕刻构件，内设神仙雕像，底部为虎爪形亭足，制作精致，装饰有缠枝、松鹿、莲瓣、麒麟、龙马等图案。每年村中举行庙会时，村民都将古亭从庵内抬出游行。

左下图为木雕古亭正面

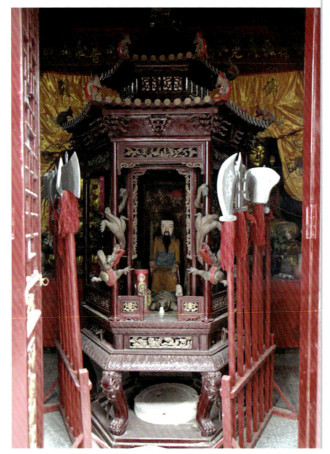

砖拱桥

砖拱桥，1966年建，拱肩部分别建有3小拱。桥长28米，宽2.8米。

右图一为桥拱及桥身

淤溪镇

杨庄村

卢氏宗祠

卢氏宗祠位于淤溪镇杨庄村东北处，青砖小瓦，砖木结构，民国三年（1914）进行过维修，并安装汉白玉阴刻"卢氏宗祠"祠额。近年又经修缮，现共有祠屋11间，总占地面积约620平方米。

右图二为修缮前的卢氏宗祠大门

右图三为修缮前的卢氏宗祠大门门额

右图四为修缮后的卢氏宗祠大门

普福庵古银杏树

杨庄村庄中心普福庵内的古银杏树,系普福庵建成后庙里的和尚栽插,至今已有700多年历史。2006年曾遭雷击,被削去上部树头,现被作为古树名木保护。

左上图为古银杏树现状

月塘医馆

月塘医馆位于杨庄村月塘巷内,建于清道光年间,以南边"月塘湾"命名,系原港口籍名医程位南所建。青砖小瓦,砖木结构,面阔3间13.2米、进深6米,檐高3.2米,占地面积160平方米。

左下图为修缮后月塘医馆南边门窗
下左图为月塘医馆内部陈设
下右图为月塘医馆馆号

淤溪镇

潘庄村

潘庄南桥

潘庄南桥建于清晚期，南北走向，砖体结构，桥下单拱，桥面青砖铺设，桥两头敞开，便于来往行人行走。桥长 11.7 米，宽 2.5 米，护栏高 0.9 米。

右上图为潘庄南桥全景
右中图为潘庄南桥桥拱

潘庄北桥

潘庄北桥为单拱砖桥，南北走向，砖砌桥栏及桥面，两头开敞，桥下砖砌单拱，拱上安桥名石额。

右下图为潘庄北桥侧面及砖砌桥拱

淤溪镇

武庄村

大兴庵

武庄大兴庵始建于清代，青砖小瓦，砖木结构，面阔3间，至今保存完好。门前有数百年银杏树1棵。

左图一为大兴庵砖墙外观
左图二为大兴庵内部抬梁式梁架

淤溪镇

吉庄村

龙华庵

龙华庵始建于清代，青砖小瓦，砖木结构，面阔3间8米，进深6.7米，檐高2.4米，脊高5.1米。

左图三为龙华庵砖砌山墙
左图四为龙华庵山墙内部木梁架

吉社桥

吉社桥始建于清代晚期，南北走向，为单拱砖桥。桥长14.4米，桥面中间宽2.4米，两头宽3.2米，桥栏高0.7米，桥下单拱。

左图五为吉社桥桥下砖拱

淤溪镇

周庄村

里下河地区团状村庄

周庄村系里下河以团状组成的村庄，村民住房位于农田之中，又临水而居，排列有序，农田与村庄融为一体。

千垛田园

千垛田园为里下河自然生态平原，垛田千百，位于纵横交错的河网之中。

鲍老湖遗址

淤溪鲍老湖是里下河地区面积大、水质清的古老湖河，总面积约373.4万平方米（5600亩）。宋《方舆胜览》载，鲍老湖"湖水清而无滓，挈壶氏取以供滴漏"。20世纪60年代填湖造田，湖面缩小，变湖为田。近年，为恢复里下河生态，鲍老湖被列入省重点农业开发项目，已栽植意杨、杨柳等宜水树木7.5万棵，并将逐步退田还湖。

俞垛镇

南野村

南野积善桥

南野积善桥始建于清道光年间,原系木桥,1917年里人钱张氏单独捐资重建砖块木梁桥,里人赞其功德,名之"积善桥"。1923年该桥重建,为单孔砖拱桥,长13.8米,宽2.5米,孔拱矢高2.3米,净跨4.5米。拱券上嵌"积善桥"汉白玉桥名,桥北立大理石质建桥功德碑1块。

俞垛镇

忘私村

忘私井

忘私井位于俞垛镇忘私村,始开凿于北宋年间,井栏系八棱玄武岩石质,外径0.64米,内径0.36米,通高0.29米。因元末明初盐民起义军将领王将军为保护首领张士诚而隐军于此,该村遂取名"王师村"。村中水井亦名"王师井"。民国时,村易名为"忘私村",水井亦更名为"忘私井"。

左图为忘私井石井栏

俞垛镇
姜茅村

姜氏宗祠

姜氏宗祠始建于清代，民国时期修缮。宗祠面阔3间，东侧墙壁上嵌石碑1块，山板上留有彩绘。

右图一为姜氏宗祠外墙
右图二为姜氏宗祠内梁架

俞垛镇
柳官村

陶氏宅

陶氏宅始建于清代，青砖小瓦，砖木结构，大门面东，西墙有照壁，正屋面阔3间，前有天井院落，院内有古黄杨1棵。

右图三为陶氏宅面南门窗
右图四为陶氏宅内梁架

柳官大会堂

柳官大会堂建于20世纪70年代初，保存较好。

左上图为柳官大会堂正面
左中图为柳官大会堂侧面

俞垛镇

横庄村

古真武庙

古真武庙始建于清中期，光绪元年（1875）修缮，青砖小瓦，砖木结构，东西面阔7米，南北进深4.5米，庙门上嵌石额，两侧开设圆洞形砖窗，下有石鼓1对。

左下图为古真武庙

俞垛镇

俞耿村

吴尚先行医处与古黄杨树

吴尚先（1806—1886），杭州人，原名樽，又名安业，晚清名医，专研中医内症外治之术，著有《外治医说》1卷，后改称《理瀹骈文》。清咸丰三年（1853），奉母迁此居住8年，其间为乡民治病。原有房屋坐北朝南，砖木结构，硬山顶，小瓦屋面，面阔3间，进深7檩。宅前院中尚有吴氏手植黄杨1株。

右上图为吴尚先行医处室外古黄杨树

俞垛镇

叶甸村

古桂花树、香橼、龙柏

村中3棵古树，为清同治年间栽植，桂花树是野生的金桂，香橼树果实硕大，龙柏造形奇特，现均生长正常。

右中图为龙柏
右下左图为桂花树
右下右图为香橼树

钱氏住宅

钱氏住宅，青砖小瓦，砖木结构，始建于清同治九年（1870）左右，面宽16米，进深4.3米，高3.4米。

左上图为钱氏住宅屋面俯视

左中图为钱氏住宅门窗一角

左下图为钱氏住宅前后两进之间

俞垛镇

花庄村

叶氏住宅

叶氏住宅建于清同治年间，前后2进6间，东西厢房各2间，占地186.5平方米，建筑面积126平方米，清水砖墙，砖木结构。大门面阔3间，门两侧封檐施砖细工艺，过门板朝下置"五福捧寿"砖雕，后进面阔3间，两厢券顶，天井铺砖呈"人"字形。

右上图盖蝴蝶瓦的为叶氏住宅

古黄杨树

庄中有棵古黄杨树生长在民居天井内

右中图为黄杨树树冠
右下图为民居天井内的黄杨树

神童关侯王殿

神童关侯王殿始建于明嘉靖年间（1522—1566），位于卤汀河神童关西岸，主祀明代抗倭名将侯必大。20世纪90年代初，民众集资重新修建侯王殿。侯王殿占地面积6400平方米，面阔3间16米，进深9檩9.2米，檐高3.46米。殿中立侯王石质雕像1尊。

左上图为神童关侯王殿远景
左下图为神童关侯王殿外貌

俞垛镇

仓场村

祖师庙

祖师庙始建于元末，现存元末庙堂1座，面阔3间7.22米，进深5檩，硬山屋面。庙内用减柱法，柱头有卷杀，扁作梁，梁架节点用斗拱、荷叶墩，蜀柱两侧安叉手。祖师庙是里下河地区现存最早的古建筑，后又在其东侧建庙房，南侧新建庙门。庙天井内有新中国成立后新立"古海陵仓遗址"标志。

图为祖师庙全景

祖师庙修缮前旧貌

修缮后的祖师庙

祖师庙梁架结构之一

祖师庙梁架结构之二

祖师庙梁架结构之三

祖师庙梁架结构之四

古海陵仓遗址

元末，泰州盐民张士诚起义，在此设粮仓，并建有祖师庙。20世纪80年代，在仓场河床下曾发现炭化稻壳等。

左上图为古海陵仓遗址标志

砖拱桥

20世纪60年代，仓场村两条河上各建有1座砖拱桥。桥单拱，桥栏较特别，现仍能通行。

左中图为砖拱桥之一
左下图为砖拱桥之二

俞垛镇

角墩村

古井

古井位于角墩庄中心，开凿于清嘉庆二十四年（1819），井壁用青砖砌成。

右图为古井口上的方形石栏

顾高镇

千佛村

千佛寺

千佛寺始建于隋朝，屡有兴废，清同治年间重建，安"古千佛寺"石额，2006年再次修建，有山门、大殿、偏殿等，寺内有1000多年古银杏1棵。1941年，中共地方党组织为培养后备干部，曾借用庙西厢屋，在此开办了育英中学。1942年，原中共泰县县委书记徐克强牺牲后，在此建烈士的衣冠冢。1943年，育英中学改名为"泰县二中"。

右中图为新修建的千佛寺全景

古银杏树

右下图为千佛寺内古银杏树

徐克强烈士墓园

徐克强烈士墓园位于千佛村，2011年翻建，立有烈士纪念碑，碑上有"千古流芳"碑名。

左图一为徐克强烈士纪念碑

蒋垛镇

蒋垛镇镇区

苏维埃公园

苏维埃公园由纪念馆、纪念碑、浮雕照壁墙等组成。纪念馆内记载原泰县第一个党支部创立经过、红十四军历程、苏中第一个苏维埃政权诞生，上述革命活动开创了苏中革命运动先河。

左图二为苏维埃公园大门
左图三为公园内浮雕照壁墙
左图四为纪念碑

蒋垛镇

许庄村

百年老宅

百年老宅始建于清光绪二十年（1894），青砖小瓦，面阔2间7.3米，进深6.9米，面积50.37平方米。

右图一为百年老宅南立面门墙及屋面

右图二为百年老宅大门与前檐

右图三为百年老宅门前院落

百年桑树

百年桑树位于许庄村十二组，栽植于清光绪二十八年（1902）。

右图四为高大的百年桑树

梁徐街道

周垛社区

六角井

宋代东岳庙内水井。庙在"文革"时期被毁后重建，水井依然存在。井栏为石灰岩质，六角形，内径0.35米，外径0.50米，深3.6米。井壁用宋代弧形榫卯砖砌筑，水质清纯，至今仍可饮用。

左上图为六角古井所在的庙

左中图为六角古井上的石井栏

八角井

八角水井开凿于宋代，井栏为火山岩质，外形呈8面，内径0.34米，外径0.60米，高0.34米，井深4.5米。井壁用青砖竖砌，保存完好，水质清澈，可以饮用。

左下图为八角水井上的宋代石井栏

梁徐街道
前时社区

陈炳之宅

陈炳之宅为清代建筑，青砖小瓦，面阔3间11.3米，进深5.2米，檐高2.6米，脊高4.5米。

右上图为陈炳之宅大门、砖墙及屋面

右中图为陈炳之宅内部梁架

梁徐街道
葛联社区

草房

乡村草房，两披水，盖稻草、麦草，土坯墙，梁架简陋，屋脊高低不平，为新中国成立前穷苦农家住所。

右下图为残存破草房外貌

三水街道

西查社区

关帝庙

关帝庙始建于清道光年间，占地面积340平方米，现存大殿面阔3间10.8米，进深6檩6米，脊高4.7米。清水墙，硬山顶，抬梁结构，柱下置石础，殿门两侧置高浮雕三狮盘球图案石鼓。大殿与寮房之间有东厢屋3间，后院中间有古银杏树1株，树围5.9米，被列为古树名木。

左图一为关帝庙庙门
左图二为关帝庙内部梁架

净逸庵

净逸庵始建于清乾隆年间，清嘉庆十八年（1813）整修，现存大殿、寮房等，占地面积480平方米，大殿面阔3间10.15米，进深7檩6.4米，檐高2.65米。明间抬梁结构，柱下置石础，硬山顶。西山墙内侧嵌清嘉庆十八年泰州正堂告示碑1块，殿东有寮房3间。

左图三为净逸庵庵门
左图四为净逸庵内部梁架

三水街道

状元社区

刘状元拴马房

刘荣庆（1761—1842）、刘国庆（1769—1833），泰州人，兄弟二人为清乾隆时武状元。状元府建于清乾隆五十一年（1786），原有5进10厢，占地9282平方米。状元府中的拴马房坐北朝南，面阔3间9.8米，进深5檩4.9米，檐高2.7米，脊高4.5米，小瓦屋面，硬山顶，柱下置方形石础，南墙底部所嵌石狮，系从别处移来。另有水井2口。

右上图为拴马房外观

右中图为拴马房墙内所嵌石狮

右下图为水井及石井栏

原桥头镇关帝庙

关帝庙为清道光十四年（1834）刘氏许愿独建，今存大殿，坐北朝南，面阔3间加车边房1间，计4间15.15米，进深7檩6.7米，硬山顶，小瓦屋面，柱下置方形石础。

左图一为关帝庙庙门

怡和寺

怡和寺建于清晚期，现有山门殿、大殿、东西厢屋等，保存较为完整。大殿歇山重檐，东西长20米，进深6米；山门殿长10.8米，进深5米；院落长15.4米，宽8.8米。

左图二为怡和寺山门
左图三为怡和寺大殿
左图四为怡和寺殿内梁架

三水街道

小杨社区

龙尾田遗址

1997年春,三水街道小杨村移家网村民在取土时挖出骨箭镞3枚。骨箭镞通体磨光,为新石器时代狩猎器具,箭镞出土地当是新石器时代遗址。

右图一为出土骨箭镞的地点
右图二为龙尾田遗址出土的骨箭镞

里下河民俗馆

里下河民俗馆是利用一处古民居改建成的乡村文化设施。

右图三为古民居堂屋与厢房
右图四为古民居堂屋内的陈设

三水街道

杏林社区

福兴寺

福兴寺始建于清早期，硬山屋面，青砖小瓦。山门面阔3间11米，进深6米，门两侧墙上有"佛光普照"4个大字；大殿面阔3间11.3米，进深7米；东寮房3间6米，进深6檩6米。天井东西两侧还设有厢房。

左图一为福兴寺寺门

左图二为福兴寺大殿内梁架结构

青莲庵

青莲庵始建于清早期，房屋布局与福兴寺同，山门的门楼上雕有"福""禄""寿"等图案；殿堂金柱上有"经调法华翻贝叶，帖临怀素种芭蕉"对联；还有"民国二年造"铭文的铁铸钵。

左图三为青莲庵前破损的门楼

左图四为残破的青莲庵山墙

三水街道

陆庄社区

徐氏宅

徐氏宅建于清代中晚期,坐北朝南,有3个院落,以中间院落保存最好。南侧1排建筑7桁5架梁,进深4.85米;北侧1排建筑进深7米。

右图一为徐氏宅南立面
右图二为徐氏宅内部堂屋梁架

陆庄民居

陆庄民居始建于清代,青砖黛瓦,砖木结构,面阔3间。

右图三为陆庄民居的大门砖墙及屋面
右图四为陆庄民居堂屋梁架

三水街道

西陆社区

夏氏宗祠

夏氏宗祠为清代建筑，青砖小瓦，砖木结构，内有民国时镌刻之"夏氏宗祠"门额1块。

左图一为夏氏宗祠大门及山墙

左图二为夏氏宗祠内部梁架

三水街道

李堡社区

花氏宅

花氏宅建于民国年间，宅主花子茂系黄埔军校出身，做过扬泰地区的典狱官。该宅是他晚年邀请扬州人设计建造而成。

左图三为花氏宅山墙及围墙部分

左图四为花氏宅内部屋架

大伦镇
土山村

千年银杏

古银杏，雄性，树龄约1700年。

右上图为枝繁叶茂的千年银杏

大伦镇
桥东村

如来寺

如来寺始建于清道光年间，大殿硬山顶，小瓦屋面，脊端设鸱吻，面阔3间12.20米，进深7檩6.60米，脊檩下枋上有准确纪年。

右中图为如来寺大殿立面
右下图为如来寺殿内梁架

大伦镇

茆戚村

崇实学堂

崇实学堂为晚清泰州东乡第一所新式学校。1900年，白米、大伦一带的开明知识分子在老通扬河南的戚家垛游姓祠堂"道人堂"开办"饮芗义学"，后校名改为"崇实学堂"。1917年冬，中华民国政府批办为"县立崇实完全小学校"。1949年，更名为"泰县茆戚小学"。2006年，学校并入大伦中心小学。

左上图为崇实学堂大门
左中图为崇实学堂内教室

大伦镇

麻墩村

麻墩义井

井栏青石质，八角形，内径0.33米，高0.22米，上镌"义井"二字。井壁为弧形榫卯砖圈砌，具有北宋砖井的特征，传为该村周氏独资捐建，保存完好。

左下图为麻墩义井井床及井栏

娄庄镇

娄庄镇镇区

娄庄老街

娄庄老街建于清代,东西走向,长约 150 米,两侧建筑多为青砖小瓦,砖木结构,榻子门,旧时这里有酱园、药铺、浴室等。

右上图为娄庄老街两边旧商铺

娄庄镇

团结村

黄重宪故居

黄重宪故居建于民国初年。黄重宪,泰州姜堰人,著名民主人士,曾任江苏省文史馆馆员,著有《人系》等著作。故居青砖小瓦,3 间 5 架梁,东西长 11.8 米,南北宽 7 米,脊高 4.8 米,檐高 2.4 米,7 道封檐。

右中图为黄重宪故居砖墙及屋面

右下图为黄重宪故居内部梁架

张甸镇

三野村

徐克强办公旧址

徐克强办公旧址系古民居，现存2间，面阔7.5米，进深6.8米。1942年，中共泰县第一任县委书记徐克强曾在此办公，现为爱国主义教育基地。

左上图为徐克强办公旧址门窗

左中图为徐克强办公旧址内部梁架

苏中七战首战七纵指挥部驻地纪念碑

1946年6月，国民党发动大规模内战，华中野战军在苏中大地上一个半月内连续7战，每战皆捷。7月13日首战泰兴宣家堡，参战的七纵由管文蔚等率领，歼敌3000余人，大振军威。1993年5月，在当时七纵指挥部所在的张甸镇高家庄竖立纪念碑，碑高3米，碑文记述了宣家堡战斗的经过和意义。

左下图为七纵指挥部驻地纪念碑

张甸镇

宫王村

万善庵

万善庵始建于清初,青砖小瓦,面阔3间,当中一间的门窗前有走廊。庵内有砖雕神龛1座。

右图一为万善庵庵门
右图二为万善庵庵内山墙及梁架

张甸镇

张前村

长生庵

长生庵,始建于清代晚期,坐北朝南,内供如来及观音、地藏等菩萨。庵内有清光绪六年(1880)铁钵1只,还有江苏丹阳海会寺寿钵1只。

右图三为长生庵庵门
右图四为长生庵内部梁架

靖江市镇村历史遗存行政区位图

靖江市

季市镇

季东村

朱氏老宅

朱氏老宅位于季市东街148号,始建于清代早期,共有房屋9间,前后3进,一进、二进为5桁梁架,三进为7桁梁架,保存基本完整,2017年9月重修。

左上图为朱氏老宅第一进面街店门

左中图为朱氏老宅第二进房屋

左下图为朱氏老宅室内陈设

胡氏老宅

胡氏老宅位于季市镇东街114号，清末民初建。有店门1间及抬梁式民居9间，基本保持原貌。

右上图为胡氏老宅及周边建筑群

右中图为胡氏老宅前老街

右下图为胡氏老宅砖砌大门

朱家大院

朱家大院位于镇东街70号,为清中晚期建筑,主体建筑前后3进,计有房屋17间。

左图一为朱家大院面街的3间房屋

左图二为朱家大院内房屋

左图三为朱家大院内铜井(井底为铜板)

左图四为朱家大院内锡井(井底为锡板)

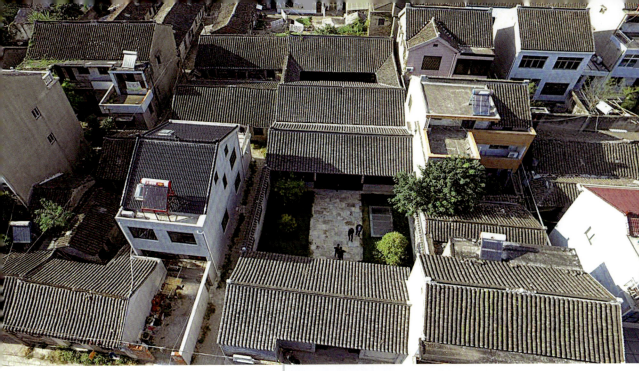

印庄巡检司衙署

　　印庄巡检司衙署位于季市镇东街 90 号，为清末建筑，坐北朝南，东西宽 12.6 米，南北长 42.9 米，旧为前后 5 进，现存 3 进 12 间。2017 年 5 月重修。

　　上图为印庄巡检司衙署全景

　　右上图为印庄巡检司衙署面街大门

　　右中图为印庄巡检司衙署第二进大堂

　　右下图为印庄巡检司衙署大堂内景

黄氏贸易商行

　　黄氏贸易商行建于清末民初,前有沿街长廊 6 小间,长 20.8 米,宽 2.3 米,廊后房屋面阔 6 间,进深 7.3 米。后为天井,两侧有厢房,最后还有第二进 3 间房屋。旧为泰兴、如皋、靖江三县交界处较大的粮食交易商行。

　　上图为黄氏贸易商行全景
　　左上图为黄氏贸易商行廊屋之一
　　左下图为黄氏贸易商行廊屋之二

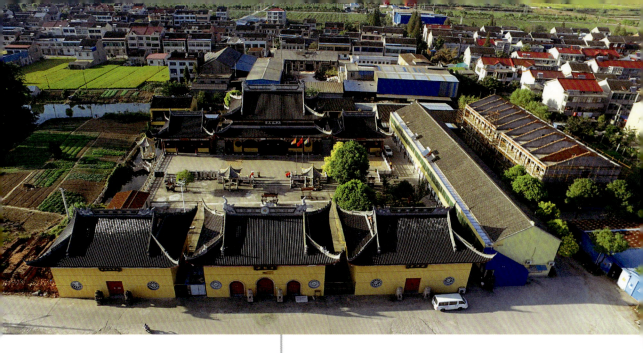

青龙寺

青龙寺始建于明代,1995年后在原遗址重建,有山门及大雄宝殿等,为仿明代大木作斗拱建筑。

上图为青龙寺全景
右图为青龙寺单檐歇山屋面山门

季市镇

安武村

中共靖江县委弯腰沟旧址及红色文化旅游基地

中共靖江县委弯腰沟旧址位于季市镇安武村,为青砖小瓦式2间民居。旧址附近新建了红色旅游基地。

左图为中共靖江县委弯腰沟旧址

下图为红色文化旅游基地(包括烈士纪念碑、纪念墙、牌坊、广场等)

生祠镇

生祠镇镇区

刘国钧故居

刘国钧是近代民族工业巨子，中华人民共和国成立后，曾任江苏省副省长。其故居位于生祠镇思岳路南岳飞生祠西，现有清代建老屋1间及1986年新建的敬修堂、善余厅、国钧堂等。

上图为1986年新建的国钧堂

右图为现存的刘国钧故居老屋

岳飞生祠

岳飞生祠位于生祠镇思岳路南首,刘国钧故居东侧,始建于岳飞在世时的南宋初年,原名"生祠堂",是我国兴建年代最早的崇祀岳飞的祠堂。现有大门殿、大殿、回廊、石刻等,系20世纪80年代同济大学古建专家俞维国设计重建。殿后还有岳飞、李纲、韩世忠手迹拓片的石刻等。

上图为岳飞生祠大门

左上图为岳飞生祠前的石狮

左中图为岳飞生祠大殿

左下图为岳飞生祠双龙石雕

生祠镇

红英村

文昌宫

文昌宫位于靖江市生祠镇红英村项家圩，坐北朝南，硬山屋面，前檐两角起翘，门前墙壁内嵌有清咸丰五年（1855）与宣统三年（1911）碑石各1块。

上图为文昌宫正面

右图为清咸丰时《惜字元善坛碑》复制图

叶飞将军南下驻留地

1945年，叶飞将军率新四军一师第一团、特务团、高炮独立团等部南下苏浙军区，途经靖江时，在文昌宫旁小屋作短暂驻留，此处也曾是中国人民解放军二十三军渡江粮站供应基地。

左图为文昌宫旁小屋

孤山镇

孤山镇镇区

孤山

孤山，曾名"元山"，位于靖城街道北5千米处，因独自屹立在广袤的靖泰平原上，故名"孤山"。孤山海拔55.6米，周长1.5千米，占地面积5万平方米。初为水上孤岛，明代弘治元年(1488)并入陆地，成为平原孤峰。

左图为远眺孤山

孤山寺

孤山寺始建于隋末唐初,明代重建。

图为孤山寺全景

上图为孤山山顶全景

孤山寺古石刻

　　明代重建孤山寺大雄宝殿时曾挖出6块古石刻,现镶嵌在大雄宝殿后面的墙壁上。

　　右上图和右下图为孤山寺古石刻

孤山寺蹑云坊

孤山寺蹑云坊建于明万历四十二年（1614），高3.6米，宽2.8米，系用花岗岩砌成，两柱单门，上有石额，刻"蹑云"二字，为靖江县令赵应旗题书。坊上还雕有松、鹤、鹿等图案。

左图一为蹑云坊
左图二为"蹑云"题刻

孤山寺摩崖石刻

孤山寺摩崖石刻在山路左侧石壁之上，刻于明嘉靖四十五年（1566），高1.1米，宽0.8米，残存"夏之南""嘉靖""丙寅""道人"等字。

左图三为孤山摩崖石刻

原靖江革命烈士陵园

原靖江革命烈士陵园位于孤山脚下，建于1959年，为纪念抗日战争、解放战争中牺牲的烈士而建。有"革命烈士永垂不朽"碑，后建有仿古建筑，为革命烈士纪念馆，现革命烈士纪念馆已移址重建。

右图一为陵园内"革命烈士永垂不朽"碑

右图二为陵园内的仿古建筑

马桥镇

经纶村

靖江抗日烈士陵园

经纶庵靖江抗日烈士陵园位于靖江市马桥镇经纶村，1945年3月为纪念在抗日战争中牺牲的部分靖江战士而建。园内竖有墓碑，高2.78米，宽1.28米，正面刻"靖江抗日烈士公墓"，背面刻155名烈士的姓名。碑后墓冢高1.6米，底边直径6.2米。

右图三为靖江抗日烈士陵园远景

右图四为"靖江抗日烈士公墓"墓碑

马桥镇

徐周村

孙家老宅

孙家老宅系从靖江城区迁移来的一组古民居，其西侧还有一座名为"兜车院"的旧民居院落。

左上图为移建后的孙家老宅大门

左中图为孙家老宅南立面及西立面

左下图为孙家老宅内照壁及厢房

右上图为孙家老宅后院两侧廊道
右中图为兜车院大门
右下图为兜车院内部

靖城街道

江华社区

十圩港西炮台

清光绪年间,为抵抗英、俄侵略军,清政府在天生港、十圩港筑要塞炮台。现存十圩港西炮台遗址,建于清光绪十七年(1891)。炮台遗址处残存高1.2米、宽4米、长6.3米的土墩,与江阴要塞炮台相呼应。

左上图为十圩港西炮台遗存

左下图为十圩港西炮台弹药库

斜桥镇

新华村

夏仕港闸题词石碑

夏仕港为盐靖运河起点，南接长江，北通靖泰界河等。1958年6月，中共靖江县委函请在黄桥战役中立下赫赫功勋的陈毅同志为夏仕港闸题词。当年12月，陈毅亲笔题词："跨上时代的骏马，勇往直前，奔向社会主义！"

右上图为陈毅亲笔题词
右下图为陈毅题词刻石

新桥镇

新合村

沿江圩区带状分布村庄

上图为新合村沿江圩区带状村庄

下图为新合村沿江圩区带状村庄

新桥镇

德胜村

沿江圩区带状分布村庄

德胜村位于长江北岸,为沿江圩区带状分布村庄。

上图为德胜村沿江圩区带状村庄

东兴镇

东兴村

旧志五桥

旧志五桥,村民习惯称作"黑桥",建于清末。整座桥体由石板、石柱构成,长20.5米,宽2.1米。桥体南北横梁上分别刻有"旧志五桥"四个大字。桥南两柱上依稀可见对联:"有如此桥岁月迭更仍去五,伊谁之力东西相望忽成双。"桥北两柱上可见对联:"一条断港潮流十里便回头,四海为家船挂风帆初出口。"

泰兴市镇村历史遗存行政区位图

泰兴市

宣堡镇

银杏村

通南地区散点状村庄

银杏村位于宣堡镇西南，系通南地区散点状村庄。

上图为银杏村散点状村庄

古井

左上图为村中发现的宋代古井遗迹

左中图为修复后的古井

左下图为古井上新建的井亭

德卿塔与百年梓树

德卿塔位于宣堡镇银杏村（原曹家河村）曹沈三组，因塔下葬有清代康熙年间盐通御史曹德卿，故名。塔于"文化大革命"中被毁，20世纪90年代初在原址复建。塔后有曹德卿后人栽百年梓树1棵。

右上图为复建后的德卿塔
右下图为德卿塔后百年梓树

复兴庵

复兴庵始建于19世纪中叶,前后2进。大门两侧及附近有雕刻着鹤、鹿等动物图案的方形石鼓,庵内有雕刻吉祥图案的古砖7块,曾见有"复兴庵"3字。

左图一为复兴庵外貌

左图二为庵内雕刻着有吉祥图案的7块古砖

左图三为复兴庵鲤鱼跳龙门石刻

左图四为复兴庵雕刻有凤凰图案的石鼓

右图为复兴庵石鼓

古银杏树"步云塔"

"步云塔"在宣堡镇银杏村三组复兴庵旁,因主干独立,枝干分层而上,似步入云天而名,树龄在800年以上。

右图为古银杏树"步云塔"

宣堡古银杏群落

宣堡古银杏群落位于宣堡镇银杏村东侧，东临两泰官河，与曹家河隔河相望。现有近千年的古银杏2棵，500年以上古银杏108棵，300年以上的140棵，200年以上的25棵。

左图为与河并行的河岸银杏树群落

右上图为民居中的银杏树

右下图为银杏林

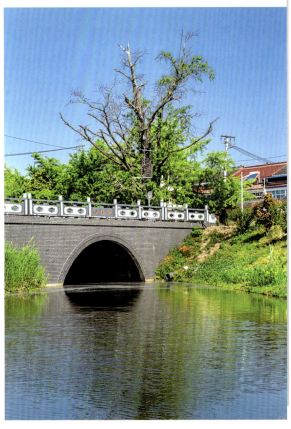

古银杏树"聚仙峰"

古银杏树"聚仙峰"位于银杏村内,主干屡遭雷击而枯,但仍似利刃耸立,后又新生出3个分支,辅衬主干,同根合抱,呈现出旧干新枝同座、相偎相依的景象,宛如一座神仙相聚的山峰,"聚仙峰"因此得名。

左上图为古银杏树"聚仙峰"

左下图为古银杏树"聚仙峰"及其周边环境

宣堡镇

张河村

通南地区散点式村庄
右上图为散点状村庄张河村
右中图为张河村中的古银杏群落

张河古银杏群落
右下图为村中的银杏林

曲霞镇

印达村

印达烈士陵园

1947年9月，印达为掩护战友英勇牺牲，后在烈士旧居附近建有陵园。2021年重建"印达烈士永垂不朽"纪念碑，碑后有印达烈士墓。

左上图为"印达烈士永垂不朽"纪念碑

左图为印达等革命烈士史料陈列室

古溪镇

刁网村

中共江浙区泰兴独立支部旧址

中共江浙区泰兴独立支部旧址位于刁网村，原为刁氏宗祠，面阔2间7米，进深5檩5米，硬山屋顶。1926年，中共泰兴县第一个党支部——刁家网支部于此成立；同年8月，又在此成立中共泰兴县独立支部。现有独立支部旧址建筑、独立支部纪念碑、烈士墓碑、血誓碑、英名录、沈毅铜像等纪念设施。

黄桥镇

严徐村

黄桥战役苏北指挥部旧址纪念碑亭

黄桥战役苏北指挥部旧址纪念碑亭位于黄桥镇严徐村五组，距黄桥镇11千米。1980年10月，泰兴县委在陈毅当年进驻严徐庄的地方建造了一座纪念碑，正面有"新四军黄桥决战苏北指挥部旧址"14个大字，背面是中共泰兴县委撰写的碑文。后又经多次扩建修缮，目前面积有784平方米。

右上图为黄桥战役苏北指挥部旧址纪念碑亭全景

右下图为"新四军黄桥决战苏北指挥部旧址"纪念碑

滨江镇

长沟村

玄坛庙古戏台

玄坛庙古戏台位于泰兴市滨江镇长沟村南,原系玄坛庙的一部分,硬山前加歇山屋面。坐南朝北,始建年代无考,后屋桁坊下有"大清嘉庆四年重修"题记。戏台有上下两层,高7.5米,面阔8.7米,进深4.5米。上层为戏台,高5.3米;下层为过道,高2.2米。

左上图为玄坛庙古戏台立面

左下图为玄坛庙古戏台后屋6桁卷棚梁架

延令街道

大生村

大生桥

原名"大孙桥",后以大生村名"大生桥",为5孔石拱桥。明万历元年(1573)建,清康熙、光绪年间修。桥身长约24.5米,宽4.28米,中孔净跨7.9米,次孔净跨5.2米。

上图为大生桥,现可见4孔

右上图为大生桥中3孔

右下图为大生桥石板桥面

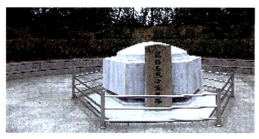

根思乡

根思村

杨根思烈士陵园

杨根思烈士陵园位于根思乡宣泰路49号，原为杨根思出生地，初系当地乡亲所建杨根思祠，后由中科院院士杨廷宝与东南大学齐康设计新建而成。陵园占地3.9万平方米，建筑面积3640平方米，庄严肃穆，典雅壮观。

左图一为杨根思烈士陵园古阙式大门

左图二为陈毅题"杨根思烈士碑"，背刻烈士生平事迹

左图三为杨根思塑像

左图四为杨根思烈士陵园歇山式工字殿纪念堂

左图五为杨根思烈士陵园圆丘式衣冠冢

新街镇

南新街村

杨村庙烈士堂

杨村庙烈士堂是抗日战争期间人民群众为纪念抗日阵亡将士所建烈士堂和烈士塔，1956年重建烈士祠。祠内安放着烈士牌位，祠前矗立着一座高9米的纪念塔，上有粟裕将军题"在人民革命战争中光荣牺牲的烈士们永垂不朽"碑铭。塔后有烈士墓。

右图一为杨村庙烈士堂前牌楼
右图二为杨村庙烈士纪念塔

姚王街道

新镇居委会

姚庄葛氏住宅

葛氏住宅始建于民国年间，现存房屋有前后2进共18间，占地面积800平方米，建筑面积600平方米。大门朝南，门檐上刻有木雕、砖雕。

右图三为葛氏住宅前面一进与大门

右图四为葛氏住宅前后两进之间

姚王街道

封垈村

引秀桥

引秀桥位于封垈村竹岸港河中，始建于清代，1962年修缮。桥石上刻有"引秀桥"3字。原为架在一条小河上面的石板桥，后在扩建河道时保留了桥身，遂成为河中小桥。

左上图为引秀桥近景
左中图为引秀桥远景

张桥镇

镇西村

接引禅寺银杏树

左下图为接引禅寺内银杏，树龄600多年

兴化市镇村历史遗存行政区位图

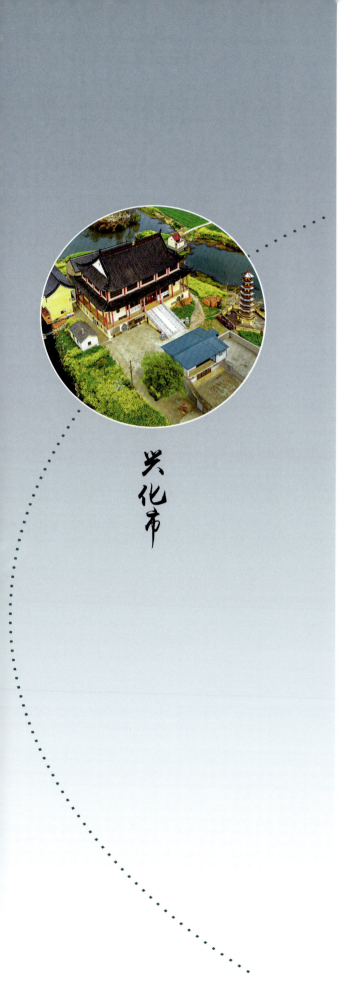

兴化市

安丰镇

肖家村

兴化县政府旧址

兴化县政府旧址位于肖家村内，坐北朝南，为民国时期建筑，1进3间，7檩，前有天井。解放战争时期，兴化县政府在此办公。当时，溱潼县政府、高邮县政府及华中二分区的苏中日报社也在附近办公。

左图一为兴化县政府旧址

左图二为兴化县政府旧址室内梁架

安丰镇

盛家村

华中二分区革命烈士纪念塔

1946年至1947年，国民党反动派对华中二分区广大军民进行了血腥屠杀，周山、李健、袁舜生、周奋、郑光耀等为革命英勇献身。为纪念在此期间牺牲的死难烈士，1947年11月，华中二分区在机关所在地——原中圩乡盛家村建立了纪念塔。1997年，重建纪念碑塔，2005年修缮。碑塔底座为八面体，碑塔为四面体，高25米，有9级台阶，现为陵园，园内有烈士事迹陈列室。

左图三为华中二分区革命烈士纪念塔远景

左图四为华中二分区革命烈士纪念塔近景

昌荣镇
木塔村

木塔寺

木塔寺位于木塔村,寺始建于唐。旧时,寺院内塔中有塔,世称"母子塔"。母塔在外,青砖砌成,高7层,约13米。子塔在母塔内,为木塔,有42座佛龛,供奉着42尊佛像。寺内刻有"唐长庆年"记年的"敕建木塔禅寺"石额。寺西南还生长有古黄梅树。

上图为木塔寺全景
右上图为新建的木塔寺塔
右中图有"唐长庆年"记年的"敕建木塔禅寺"石额

木塔寺黄梅树

右下图为木塔寺西南的古黄梅树

陈堡镇

蒋庄村

集贤禅寺、都天庙与百年银杏树

　　集贤禅寺位于蒋庄村东，始建于清光绪十四年（1888），曾因火灾烧毁而修复重建，后又在其西侧建都天庙，形成寺、庙并列景观，共有建筑面积1680平方米。内有百年银杏树和百年桂花树各1棵。

　　上图为集贤禅寺、都天庙俯视全景
　　左上图为寺、庙并列大门
　　左下图为百年银杏树

吉祥寺

吉祥寺位于蒋庄村西，又称"西庙"，建于清代，建筑砖木构件上有砖雕、木雕图案，内容丰富，雕刻精美。

右上图为吉祥寺大殿与东偏殿

右中图为吉祥寺大殿坊下木雕

右下图为吉祥寺大殿梁架木雕

上图左为吉祥寺偏殿梁架
上图右为吉祥寺梁柱木雕
左上图为吉祥寺墙头砖雕
左下图为吉祥寺内光绪年间古碑

都天庙会

每年农历三月初九，蒋庄村定期举办都天庙会，意在纪念民族英雄张巡。

右上图和右中图为都天庙会场景

右下图为都天庙会中被抬着游行的木亭

陈堡镇

唐庄村

积善桥

积善桥位于唐庄村中心夹沟，建于1911年，为单孔拱形砖桥，桥面铺麻石石板，长16米，宽3米，当中长方形石板上雕刻着青龙盘珠图案。桥孔宽3米，拱高4米，用青砖糯米汁砌成。

左图一为积善桥麻石板桥面

左图二为积善桥侧面

鼎盛理发店

鼎盛理发店建于民国初年，位于唐庄村积善桥东，所存木质理发椅年代较久。

麻石街

唐庄村麻石街铺于清末民初,以庄夹沟积善桥为中心向东100米,向西到下场110米。街心石板横铺,两侧卧竖锁边。近年,因路面不平,整治街面而重新铺设,麻石街面缩短至160米。

右图一为整修后的麻石街

鸬鹚捕鱼

唐庄村鸬鹚捕鱼(放鸦捕鱼)起于清光绪年间,1926年形成产业,捕鱼人以此为生,现放鸦捕鱼已不是当地人的主要生活来源。

右图二为渔民在用鸬鹚捕鱼

陈堡镇

宁乡村

太平桥

宁乡村村中旧有一座古石桥,名"太平桥"。

右图三为"太平桥"石刻构件

右图四为新铺桥面,当中留有旧石桥面

城东镇

张家村

高谷墓

高谷（1390—1460），兴化人，永乐十三年（1415）进士，官至工部尚书、谨身殿大学士，有"五朝元老"之称。高谷墓建于明代，墓前原有神道碑、石人、石马、石虎等，后全都散落，仅存部分残件。

左上图为高谷墓残石马
左下图为高谷墓残石构件

大垛镇

管阮村

里下河村庄

右图为新建仿古民居
下图为多水相汇的水乡

左图一为新建仿古庭院

古民居

左图二为古民居门窗

左图三为古民居室内中堂布置

大会堂

左图四为村中大会堂，是20世纪六七十年代农村公共建筑

郑板桥墓园

郑板桥墓建于清代。墓区位于村北，坐北朝南，依水而建，为5条河道交汇处，占地2760平方米。墓冢圆丘形，前立"郑板桥之墓"5字碑，为周而复题书，并设有石供桌、石香炉。墓道前立"板桥陵园"牌坊，四周有龙形围墙。墓区内松柏林立，翠竹丛生，绿树环绕，堪称风水宝地。

右上图为五水相汇于郑板桥墓园
右中图为墓园"郑板桥墓"牌坊
右下图为圆丘形郑板桥墓冢
下图为郑板桥墓东侧新建的陈列室

大垛镇

大垛镇镇区

新乐池浴室

新乐池浴室位于大垛镇中心，东侧有巷道，四周为民居。始建于民国时期，基本格局至今未变，是一座保存较好的老浴室。

左上图为新乐池浴室内枋间木雕

左中图为新乐池浴室山墙梁架

顺成银楼

顺成银楼位于兴化市大垛镇镇南社区，为民国初期所建店铺，上下2层，面阔2间。

左下图为顺成银楼楼上木栏、门窗

图为兴化抗日阵亡将士纪念塔

大营镇

大营村

兴化抗日阵亡将士纪念塔

兴化抗日阵亡将士纪念塔始建于1943年,后经扩建,现建有2000多平方米塔园。园内塔高19.43米,正面刻"兴化抗日阵亡将士纪念塔",背面刻烈士名录。塔园前有三门砖砌牌坊,后有烈士事迹陈列室。

上图为塔园前三门砖砌牌坊

戴南镇

黄夏村

黄岱王氏宅

黄岱王氏宅为清代民居建筑，在兴化市戴南镇黄夏村中心。宅大门位于西南，正屋1进3间，门内还有1间房。

右图一为王宅大门
右图二为王宅房屋

精贤桥

精贤桥在兴化市戴南镇黄夏村黄岱中心，建于1954年，为砖砌拱桥，面宽2.14米，长10.8米，东边栏墙南北两端，砌有从古民居门前移来的砷石各1块。

右图三为精贤桥正面
右图四为精贤桥侧面

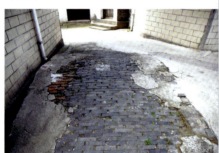

戴南镇

徐唐村

安乐桥、太平桥、雄黄桥

徐唐村的三桥，分别为架设在村东的安乐桥、架设在村西的太平桥及村中的雄黄桥。桥始建年代无考，1926年重新修建。

上图为显露在地面的安乐桥拱形桥面

左上图为残存的太平桥桥面

左中图为雄黄桥之一

左下图为雄黄桥之二

福兴庵

福兴庵始建年代无考,清道光九年(1829)重修,1930年新建韦陀大殿、斋堂、客厅,1997年再修。

右上图为福兴庵正殿

右中图为福兴庵门前旧抱鼓石

右下图为福兴庵砖墙垛头砖雕

张氏百忍堂

张氏百忍堂位于唐家雄黄桥南巷西侧,始建于清代咸丰年间(1851—1861),后有改建,现有青砖小瓦房3间,加上厨房、门头、形成了四合院形式。

左上图为张氏百忍堂大门
左中图为张氏百忍堂正屋

戴南镇

戴南镇镇区

护国寺

护国寺始建年代不详,清道光年间重建。现存2进,分别为天王殿、大雄宝殿,另有方丈室,占地面积513平方米,大雄宝殿面阔3间13米,进深7檩10米,高8米;天王殿面阔3间11米,进深7米,高6.8米。

左下图为护国寺远景

刘家桥

刘家桥建于清代，位于护国寺西南约 300 米，为砖墩石板方孔桥。桥面 4 块石板，每块长 5.1 米，宽 0.5 米，是一座保存较好的砖石结构古桥。

右上图为刘家桥桥面
右中图为刘家桥侧面

戴南镇

史堡村

山元庵

右下图为村中山元庵

陈氏宗祠

下左图为陈氏宗祠大门
下右图为前后二进的陈氏宗祠

戴窑镇

古牛村
东古自然村

东古遗址

东古遗址位于兴化市戴窑镇古牛村东古自然村东北角，四周环水，面积约2万平方米，曾有石钺、石斧等新石器时代石器出土，为良渚文化晚期遗存，系第三次全国文物普查新发现。

上图为东古遗址地貌
左图为东古遗址一角

戴窑镇

窑南村

戴窑窑址

戴窑是烧制砖瓦的馒头形窑，始于明代以前。1973年曾发现5块大城砖，印有"扬州府提调官同知竹祥司吏陶旭""高邮州提调官同知常松司吏纪衡""兴化提调官主簿樊弘道司吏赵宗"等铭文。窑初为单体馒头形，经不断改进，成为多座连体馒头窑，规模较大的有6座连体馒头窑，有的现尚在生产砖瓦。

右图一为连体馒头窑外景

右图二为印有文字的城砖

戴窑镇

韩窑村

韩氏宗祠

韩氏宗祠建于明代，位于戴窑镇韩窑村，是后人祀东海贤人韩乐吾而建。韩乐吾（1509—1585），名贞，以陶瓦为业，一生乐天安命，助人为乐，尤喜奖掖后进，从游者甚众，被誉为"东海贤人"。韩氏宗祠3间门楼为明代建筑，原貌保存至今。

右图三为韩氏宗祠正面大门

右图四为韩氏宗祠大门及侧面砖墙

韩贞墓

韩贞墓位于戴窑镇窑西村，建于明代，圆丘形墓高约1.5米，底径约3.5米。墓南有一座3门4柱石牌坊。

左图一为圆丘形韩贞墓
左图二为韩贞墓前石碑坊

戴窑镇

戴窑镇镇区

中共兴化县委成立旧址

1941年1月黄桥决战胜利后，为了把地处苏中的兴化县建成巩固的抗日根据地，中共苏北区党委副书记陈丕显到戴窑召开会议，正式成立中共兴化县委。

左图三为中共兴化县委旧址大门
左图四为中共兴化县委旧址内房屋

荻垛镇

荻垛村

万盛桥

万盛桥建于清代，由乡贤董万盛独资自建。桥为花岗岩石质，8根桥桩两两相对，桥面铺9块石板，每块石板长5米，宽0.34米。桥总长24米，宽1.35米。当中石板侧面有"万盛桥"3字，一根桥桩上刻有"道光五年六月董万盛"字样。

右上图为万盛桥花岗岩石板桥面

右中图为万盛桥刻有桥名之侧面

董氏家教碑

董氏家教碑立于清道光三年（1823）。此碑原供奉于董氏祠堂，后祠堂被毁，家教碑被董氏后人砌进房屋墙中。整座碑高2.5米，宽0.85米，碑文分序、正文、遗产三部分。

右下图为桥旁民居墙上所嵌董氏家教碑

钓鱼镇

南赵村
新坟头自然村

杨果墓

杨果墓位于钓鱼镇南赵村新坟头自然村，是安葬明代人杨果的墓。杨果，兴化人，明弘治年间进士，官至南京户部右侍郎。墓前石马等今仍在。

左图一为杨果墓前石马
左图二为杨果墓前石马侧面

垛田街道

芦洲村

耿家垛遗址

耿家垛遗址位于芦洲村，距地表1米左右，面积有数万平方米。出土有春秋至汉代的陶片、筒瓦、残大砖和铜镜等，地下还有铺设较整齐的街道和水井，可能是兴化地区较早时期的行政机构驻地。

左图三为耿家垛遗址现场
左图四为耿家垛遗址出土的古陶片

海南镇

老舍村

百年皂角树

右图为老舍村百年皂角树

林湖乡

戴家村

南荡遗址

南荡遗址位于戴家村,距今 4000 多年,占地约 2 万平方米,1992 年考古发掘,出土有石器、骨器、陶器和动物骨骼,还发现了房址、灰坑、灰沟等。

下图为南荡遗址地面现状

林湖乡

魏东村

影山头遗址

影山头遗址位于魏东村，距今6300~5500年，面积50000~70000平方米，文化层堆积厚度约2米，出土有石斧、石刀、石纺轮、陶鼎、陶釜、陶盉、陶豆、陶三足盘、陶罐、陶壶以及骨笄、骨镞等，是兴化地区已知较早的新石器时代遗址。

左图一为影山头遗址现状

左图二为影山头遗址出土的石器与骨器

临城街道

刘陆村

刘氏住宅

刘氏住宅为兴化刘陆村古民居，系清代建筑。

左图三为刘氏住宅大门及正屋

左图四为刘氏住宅内梁架结构

茅山镇

茅山镇镇区

景德禅寺

景德禅寺始建于宋景德年间，屡有兴废，现建有山门殿、天王殿、大雄宝殿、卧佛殿、藏经楼及钟鼓楼等，天王殿后有唐代古井1口，水质清澈甘甜，至今仍可使用。

上图为景德禅寺全景
右上图为景德禅寺大雄宝殿
唐代水井
右中图为唐代水井井栏
右下图为唐代水井

茅山东岳庙

茅山东岳庙，前后2进，每进3间，另有部分附属建筑，布局规整，年代比较久远。

左上图为茅山东岳庙庙门
左中图为茅山东岳庙内的清代建筑梁架结构

茅山会船

茅山会船是清明节里下河大型民俗活动，为国家级非物质文化遗产。

左下图为茅山会船中的竹篙子船
下左图为茅山会船中的划子船
下右图为茅山会船节盛况

千垛镇

苏宋村

民兵哨所

民兵哨所位于李中镇苏宋村村委会院内。20世纪六七十年代，为防止国民党反攻大陆，登高瞭望，察看敌情而建。哨所底部为正方形，边长3.5米，高约11米。

右上图为民兵哨所

千垛镇

荡朱村

朱楠进士第

朱楠进士第位于荡朱村，是清代朱楠故宅。朱楠，兴化人，道光年间进士。宅前后2进，均为3开间，东南角有门楼，前进卷棚式梁架，后进7檩抬梁式结构。

右中图为朱楠进士第大门
右下图为朱楠进士第卷棚

千垛镇

东罗村

水乡村庄

东罗村依水而建,水绕村,村近水,水乡小桥,村民枕河而居,是典型的水乡村庄。

上图为从高空俯瞰东罗村

大会堂

左图为东罗村大会堂,建于1953年,系由旧庙改建而成

水龙
右图为东罗村清光绪七年救火（1881）水龙

千垛镇

东旺村

千垛景区

千垛景区位于千垛镇东旺村和黑高村的东侧，总面积近万亩。每年清明时节，千垛景区四面环水的垛田上开满了金黄色的油菜花，吸引了众多前来观光的游客。

上图为水乡垛田菜花

千垛镇

黑高村

高氏祠堂

高氏祠堂始建年代不详,后经重新修建,现为四合院式的祠堂建筑。

上图为修建后的高氏祠堂

古黄杨树

右图为黑高村内古黄杨树

千坵镇

姜戴村

大会堂

大会堂位于姜戴村，为20世纪六七十年代农村会堂。

左图一为大会堂正面

戴氏宗祠

戴氏宗祠位于姜戴村，始建于明代，民国五年（1916）重修。宗祠建筑有前后2进及左侧两厢，占地300平方米。

左图二为戴氏宗祠大门

左图三为戴氏宗祠大门内一角

左图四为戴氏宗祠内旧时救火用水龙

千垛镇

缸顾村

顾氏宗祠

顾氏宗祠,建于清代,是为纪念缸顾乡顾姓第一世祖宗而建。祠内有缸亭、石碑、古井及"开科第一"与"宠锡"两块老匾等。宗祠所在缸顾村还有其他清代民居建筑。

右图一为放置大陶缸的亭子

右图二为亭内的大陶缸

右图三为亭内清乾隆甲辰年"宠锡"匾

右图四为缸顾村中清初古民居梁架

沙沟镇

高桂村

高庄高氏住宅

高氏住宅建于晚清民国时期，1进4间，穿斗式，7檩，前有照壁及围墙，两山筑有马头山墙。

左图一为高氏住宅立面墙体及马头山墙

左图二为高氏住宅室内清代梁架结构

沙沟镇

官河村

李氏家祠

李氏家祠建于清代，前后2进，每进3间，后进抬梁式7桁5架梁结构，保存较好。

左图三为李氏家祠白粉墙立面及灰瓦屋面

左下左图为清代早中期的梁架结构

李氏住宅

李氏住宅建于清晚期，1进3间，小7檩穿斗式梁架结构，地面铺设罗底砖，保存较好。

左下右图为李氏住宅穿斗式梁架结构

沙沟镇

时堡村

石拱桥（迎仙桥）

石拱桥始建于明代，系用上百块青条石砌造而成的单孔拱桥，高约5米，宽3米，长15米，被称为"迎仙桥"。

右图一为石拱桥桥面及砖砌桥栏

右图二为石砌的桥拱

右图三为石拱桥远景

石码头

清代建，为里下河地区大型石码头，有9级青条石台阶，每级宽50厘米，高14厘米，占地40平方米，防滑耐用，现仍保存较好。

右图四为从水上看石码头全景

右图五为从陆上看石码头全景

右图六为石码头青石台阶

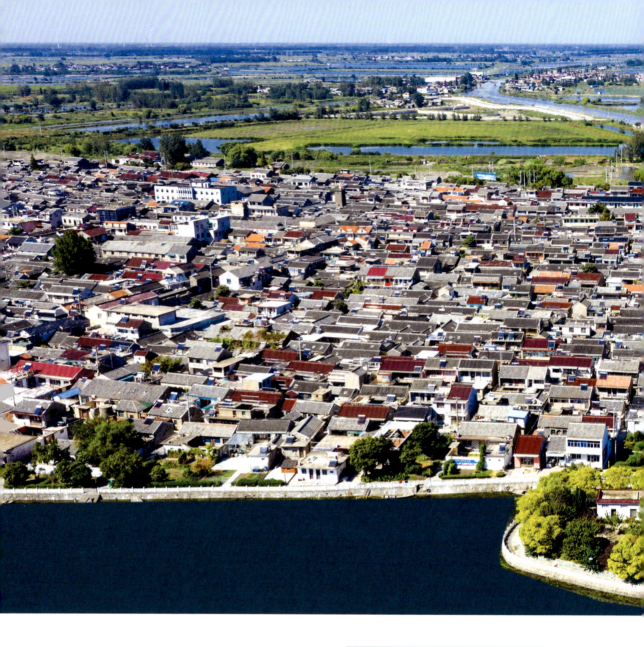

沙沟镇

石梁村

水乡民居群
上图为多面环水的水乡村庄

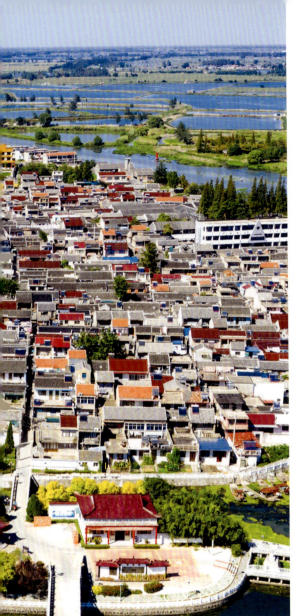

古民居

石梁村古民居，位于狭长巷两边，大多建于明清时期，青砖黛瓦，太平马头山墙，雕花门窗，幽深古朴，具有明、清两代水乡民居建筑风格。

右上图为石梁村古民居太平马头山墙

右下图为石梁村古民居马头山墙与大门

上图为石梁村古民居院落

左上图为石梁村古民居山墙与砖细博缝

左下图为石梁村古民居中的四合院

沈伦镇

薛鹏村

石板街

薛鹏村石板街约铺于19世纪20年代，麻石石质，全长约400米，共用麻条石3500多块。

上图为薛鹏村石板街

沿街二层建筑

右上图为石板街面街2层楼屋

右中图为石板街二层屋楼上下的门窗

大叶女贞树

右下图为薛鹏村中大叶女贞树

沈伦镇

沈伦镇镇区

沈伦都天庙

沈伦都天庙是一座保存较好的清代晚期庙宇,用料考究,砖雕和木刻都很精美。

左上图为都天庙大殿歇山屋面

左中图为都天庙大殿内梁架结构

沈伦米厂

沈伦米厂建于20世纪六七十年代,西、北临河。厂房储粮建筑为圆筒形,直径约6米,高约30米,是一座保存较好的近现代储粮建筑。

陶庄镇

卞堡村

幸福桥

幸福桥，单孔砖桥，建于1964年，桥长16米，孔径5米，两侧安有从古民居大门外移来的抱鼓石。

右上图为幸福桥侧面
右中图为幸福桥正面

陶庄镇

焦庄村

永盛庵

永盛庵位于陶庄镇焦庄村河北，始建于明朝中后期，清咸丰四年（1854）因地震危倾，两年后重建。庵四面环水，有正厅6间，东西阁楼各1间，东西厢房各3间，建筑面积共394.4平方米。

右下图为永盛庵大门

左图一为永盛庵马头山墙
左图二为永盛庵硬山屋面的大雄宝殿
左图三为永盛庵庵内旧用具

焦庄人民大会堂

　　焦庄人民大会堂建于20世纪60年代末，砖木结构，建筑面积288平方米。

　　左图四为焦庄人民大会堂正面

陶庄镇

南柯堡村

王氏住宅

王氏住宅建于民国初期，砖木结构，1进3间7檩，穿斗式，面阔10.3米，进深5.2米，东西两侧有厢房。

右图一为王氏住宅大门，两边带窗

右图二为王氏住宅内部梁架

福星桥

福星桥，砖砌单拱桥，始建于明代，重修于清光绪二十二年（1896），桥孔径2.88米，桥面长9米。

右图三、右图四为南柯村福星桥

陶庄镇

王寺村

法华庵

法华庵始建年代不详,经多次维修,现存1进3间,7檩抬梁式。主体梁架结构具清代早中期特征,保存完好。

左上图为法华庵大殿硬山屋面

左中图为法华庵内部分梁架结构

太平桥

太平桥,单孔砖桥,始建于清光绪三十三年(1907),拱高约2.4米,跨度4.15米。此桥保存完好。

左下图为太平桥砖砌桥孔

陶庄镇

乌金村

乌金供销社

乌金供销社原为永盛庵，1进3间，门窗具民国时期建筑特色，20世纪60年代改建成供销社，内有"毛主席万寿无疆"等"文革"时期的标语。

右上图为乌金供销社南立面

共乐桥

共乐桥建于民国时期，为单孔大跨度砖拱桥，保存基本完好，经过简单修葺，至今仍可通行。

右下图为共乐桥

新垛镇

施家桥村

施耐庵墓

施耐庵墓位于新垛镇施家桥，位于河网中。

上图为施耐庵墓墓区

墓冢圆丘形，立"大文学家施耐庵先生之墓"碑，设有方形祭台，墓前有3门砖砌牌坊。1983年再次维修，附近还有施让（施耐庵之子）及施廷佐（施耐庵曾孙）之墓。

右上图为施耐庵墓冢及砖砌牌坊

右中图为施耐庵纪念馆内的施耐庵塑像

施让墓

施让墓建于明代，位于施家桥村东100米左右。

右下图为施让墓

施廷佐墓

施廷佐墓建于明代,位于施家桥村东南角。

左上图为施廷佐墓

施耐庵故居

砚台地原是施耐庵故居所在地。

左下图为新建的施耐庵故居大门

下图为新建的施耐庵故居院落

永丰镇

沙仁村

刘熙载墓

刘熙载（1813—1881），兴化人，清道光年间进士，官至广东学政，文艺理论家和语言学家。刘熙载夫妇合葬墓建于清代，"文革"期间被毁，仅存1块残碑。

右上图为刘熙载墓地原址
右下图为刘熙载墓地残存石碑

张郭镇

蒋庄村

蒋庄遗址

蒋庄遗址是近年来新发现的新石器时代良渚文化遗址,位于泰东河畔。

上图为蒋庄遗址现状

左图为蒋庄遗址发掘现场
中图为蒋庄遗址出土石器
右图为蒋庄遗址出土的良渚文化时期玉器

张郭镇

张纪村

福星桥

福星桥是一座单孔砖桥,建于清代,桥长22.7米,拱高4.05米,跨度3.7米。

左上图为福星桥部分桥身
左中图为福星桥桥孔
左下图为福星桥桥面

昭阳街道

北山村

昭阳墓

昭阳，战国时期楚国令尹，兴化被封为其食邑，其死后葬于兴化。墓前原有"昭阳山子府君庙"（俗称"山子庙"），清末改称"香山寺"，1946年庙毁于战火，现又重建。墓冢呈圆形，封土高3米，直径10米，占地4200平方米，前立"山子府君昭阳墓"石碑及昭阳石雕像。

上图为昭阳墓所在的水乡

右上图为昭阳墓及墓旁的山子庙

右下图为昭阳墓及昭阳石雕像

中堡镇

东皋村

陆孔修陵园

陆孔修,兴化人,官至中宪大夫,墓在东皋村中心位置,有简易矮砖墙,占地约100平方米,前立有陆孔修水泥墓碑,附近还存有陆孔修的弟弟陆孔旦等人的6座明代坟茔。

左图为新立陆孔修水泥墓碑

陆氏宗祠与签司庙

陆氏宗祠始建于明朝,坐落在村东北角,坐北朝南,前有南北长大街。签司庙始建于明朝,坐落在村中心,占地约100平方米。1985年因嫌庙小,迁至原陆氏宗祠。

左中图为陆氏宗祠前的签司庙门

左下图为陆氏族谱

周庄镇

边城社区

当铺街周氏宅

当铺街周氏宅为民国时期建筑，前后2进，后进7檩，抬梁式，面阔4间，格扇门，天井有照壁。

右上左图当铺街周氏宅照壁

右上右图为周氏宅后进门及格扇

马家巷张宅

马家巷张宅为民国时期建筑，前后两进，正屋3间，7檩穿斗式，东西各有1个厢房，形成了小四合院，天井长3.7米，宽2.3米。

右中一图为马家巷张宅大门

右中二图为马家巷张宅后墙

周氏当铺

周氏当铺为民国时期建筑，前带门楼，大门与门框上有包铁皮时铆钉组成的吉祥图案。正屋面阔3间，7檩抬梁式。

右下图为周氏当铺大门及两边砖墙

报恩庵

报恩庵建于民国二十六年（1937），青砖小瓦，前后2进，后进3间，7檩抬梁式。占地面积约220平方米，院内有2棵古银杏树。

左图一为报恩庵庵门及山墙

左图二为报恩庵内部梁架

周庄镇

周郊村

顾五巷四进民居

顾五巷四进民居，民国时期建，勾连搭式建筑，前后4进，南北深13.9米，前为沿街店铺。

左图三为民居沿街店面

左图四为4进勾连搭式建筑

顾氏民居

顾氏民居，清代建筑，青砖小瓦，1进3间，面阔10.2米，进深6.7米，7檩抬梁式。

左图五为顾氏民居前面门窗

周庄镇

邬牛村

罗汉寺

罗汉寺建于明代，清康熙六十年（1721）改名为"太平律院"。现存山门、天王殿、大雄宝殿等。天王殿单檐歇山屋顶，盖灰色筒瓦，内部木结构为扁作梁，用驼峰与斗拱，柱下垫上圆下方石础。大雄宝殿及东西侧配殿皆为清中晚期建筑。

上图为三面环水的罗汉寺
右图为罗汉寺天王殿内明代扁作梁结构

左图为罗汉寺天王殿内梁架结构

下图一为罗汉寺山门上的"太平律院"古石额

下图二为单檐歇山顶的罗汉寺天王殿

周庄镇

周庄镇镇区

颜氏住宅

颜氏住宅，清中晚期民居，房屋朝南，面阔3间带1间套房，共4间，梁架结构完好，有砖雕与木刻构件。

右图一为颜氏住宅南立面门窗格扇

右图二为颜氏住宅内局部梁架结构

徐氏民居

徐氏民居是清中晚期建筑，1进3间，7檩穿斗式。

右图三为徐氏民居门旁的青砖墙

右图四为徐氏民居内部梁架

周庄渔行

　　周庄渔行建于清晚期,坐北朝南,面临繁华的商业街,3开间,抬梁式梁架,是一座保存较好的商业店面建筑。

　　左上图为周庄渔行内部的抬梁结构

周庄石板街
左中图为周庄石板街及石地面之一
左下图为周庄石板街及石地面之二

周庄镇

西坂伦村

坂伦初中旧校址

右图一为坂伦初中旧校址全貌

右图二为坂伦初中旧校址大门内墙上做黑板报用的旧黑板

粮站

粮站,前后3排储粮房屋,砖木结构,建于1950年,1965年扩建,能储存25万千克粮食。

右图三为粮站周围环境

右图四为粮站院落内部晒场

竹泓镇

竹泓镇镇区

繁荣街民居

繁荣街民居为清代所建两层小楼，面临老街，楼上有花格栏杆，砖墙上有砖雕"福"字。

左图一为民居楼上的花格木栏

左图二为民居墙上砖雕"福"字

宗启泰宅

宗启泰宅，清代民居，大门上有铁皮铆钉，房屋2进，前为4桁卷棚，后为3间正房，西边院中有1棵100多年的蜡梅。

左图三为宗启泰宅格扇门窗

左图四为宗启泰宅前面一进的4桁卷棚

西桥巷民居

西桥巷民居位于集镇中心，为清晚时期的古民居建筑群，破损较严重，其中有4桁卷棚式梁架。

右图一为西桥巷民居建筑群
右图二为西桥巷民居内部卷棚结构

孙氏宗祠

孙氏宗祠系清代建筑，前后2进，门楼宽大，正屋为抬梁结构，用料考究。

右图三为孙氏宗祠大门

永宁泉浴室

永宁泉浴室建于民国时期，是竹泓镇最早的浴室。

右图四为永宁泉浴室大门

粟裕办公处

粟裕办公处建于民国时期，两层小楼。解放战争中，粟裕途经竹泓时，曾在这幢小楼上居住和办公。

右图五为粟裕办公处楼屋一角

泰州市镇村历史遗存索引

形态肌理

许庄街道	蔡庄村	通南地区散点状村庄	18
	许庄社区	通南地区散点状村庄（许庄街道许庄社区全景）	25
溱潼镇	湖南村	里下河地区团状村庄	45
	西陈庄村	里下河地区团状村庄	48
淤溪镇	周庄村	里下河地区团状村庄	59
新桥镇	新合村	沿江圩区带状分布村庄	111
	德胜村	沿江圩区带状分布村庄	112
宣堡镇	银杏村	通南地区散点状村庄	114
	张河村	通南地区散点式村庄	121
大垛镇	管阮村	里下河村庄	139
千垛镇	东罗村	水乡村庄	160
沙沟镇	石梁村	水乡民居群	168

历史建筑

苏陈镇	张家院社区	陈氏住宅	5
华港镇	溪西村	观音阁	8
		接引庵	10
	溪东村	圣莲禅院	11
		大庙前殿	11
	桑湾村	如意庵	13
	李家庄村	复兴庵	14
许庄街道	蔡庄村	蔡氏庄园及民族产业建筑	18
		重建孝女石坊及原构件	23
	许庄社区	杨宅砖雕大门	26
	三旗营社区	东岳庵	28
寺巷街道	小王社区	毛氏宗祠	32

白米镇	白米镇镇区	胡裕泰茶庄	38
	蛙庄村	白米法华庵	40
	野沐村	蒋氏宗祠	40
溱潼镇	湖西社区	秋水庵	42
	孙楼村	塌鼻子楼	44
	湖南村	民居	46
	西陈庄村	李氏宗祠	49
		百年老宅（中医宅）	49
	三里泽村	古宝福寺	51
	龙港村	徐氏宅	52
淤溪镇	马庄村	法华寺	53
		谢希贤老宅	53
	靳潭村	西林庵	54
	杨庄村	卢氏宗祠	55
		月塘医馆	56
	武庄村	大兴庵	58
	吉庄村	龙华庵	58
俞垛镇	姜茅村	姜氏宗祠	63
	柳官村	陶氏宅	63
		柳官大会堂	64
	横庄村	古真武庙	64
	俞耿村	吴尚先行医处	65
	叶甸村	钱氏住宅	66
	花庄村	叶氏住宅	67
		神童关侯王殿	68
	仓场村	祖师庙	68
顾高镇	千佛村	千佛寺	71
蒋垛镇	许庄村	百年老宅	73
梁徐街道	前时社区	陈炳之宅	75
	葛联社区	草房	75
三水街道	西查社区	关帝庙	76

	状元社区	净逸庵	76
		刘状元拴马房	77
		原桥头镇关帝庙	78
		怡和寺	78
	杏林社区	福兴寺	80
		青莲庵	80
	陆庄社区	徐氏宅	81
		陆庄民居	81
	西陆社区	夏氏宗祠	82
	李堡社区	花氏宅	82
大伦镇	桥东村	如来寺	83
	茆戚村	崇实学堂	84
娄庄镇	团结村	黄重宪故居	85
张甸镇	宫王村	万善庵	87
	张前村	长生庵	87
季市镇	季东村	朱氏老宅	90
		胡氏老宅	91
		朱家大院	92
		印庄巡检司衙署	93
		黄氏贸易商行	94
		青龙寺	95
生祠镇	生祠镇镇区	刘国钧故居	97
		岳飞生祠	98
	红英村	文昌宫	99
孤山镇	孤山镇镇区	孤山	100
		孤山寺	101
马桥镇	徐周村	孙家老宅	106
宣堡镇	银杏村	复兴庵	116
滨江镇	长沟村	玄坛庙古戏台	124
姚王街道	新镇居委会	姚庄葛氏住宅	127
昌荣镇	木塔村	木塔寺	131

陈堡镇	蒋庄村	集贤禅寺	132
		都天庙	132
		吉祥寺	133
	唐庄村	鼎盛理发店	136
大垛镇	管阮村	古民居	140
		大会堂	140
	大垛镇镇区	新乐池浴室	142
		顺成银楼	142
戴南镇	黄夏村	黄岱王氏宅	145
	徐唐村	福兴庵	147
		张氏百忍堂	148
	戴南镇镇区	护国寺	148
	史堡村	山元庵	149
		陈氏宗祠	149
戴窑镇	韩窑村	韩氏宗祠	151
临城街道	刘陆村	刘氏住宅	156
茅山镇	茅山镇镇区	景德禅寺	157
		茅山东岳庙	158
千垛镇	荡朱村	朱楠进士第	159
	东罗村	大会堂	160
	黑高村	高氏祠堂	163
	姜戴村	大会堂	164
		戴氏宗祠	164
	缸顾村	顾氏宗祠	165
沙沟镇	高桂村	高庄高氏住宅	166
	官河村	李氏家祠	166
		李氏住宅	166
	石梁村	古民居	169
沈伦镇	薛鹏村	沿街二层建筑	171
	沈伦镇镇区	沈伦都天庙	172
		沈伦米厂	172

陶庄镇	焦庄村	永盛庵	173
		焦庄人民大会堂	174
	南柯堡村	王氏住宅	175
	王寺村	法华庵	176
	乌金村	乌金供销社	177
新垛镇	施家桥村	施耐庵故居	180
中堡镇	东皋村	陆氏宗祠与签司庙	186
周庄镇	边城社区	当铺街周氏宅	187
		马家巷张宅	187
		周氏当铺	187
		报恩庵	188
	周郊村	顾五巷四进民居	188
		顾氏民居	188
	邬牛村	罗汉寺	189
	周庄镇镇区	颜氏住宅	191
		徐氏民居	191
		周庄渔行	192
	西坂伦村	坂伦初中旧校址	193
		粮站	193
竹泓镇	竹泓镇镇区	繁荣街民居	194
		宗启泰宅	194
		西桥巷民居	195
		孙氏宗祠	195
		永宁泉浴室	195

街巷井桥

口岸街道	引江社区	洗觉桥	29
溱潼镇	湖南村	湖南砖拱桥	47
淤溪镇	靳潭村	砖拱桥	55
	潘庄村	潘庄南桥	57
		潘庄北桥	57
	吉庄村	吉社桥	58

俞垛镇	南野村	南野积善桥	62
	忘私村	忘私井	62
	仓场村	砖拱桥	70
	角墩村	古井	71
梁徐街道	周埭社区	六角井	74
		八角井	74
大伦镇	麻墩村	麻墩义井	84
娄庄镇	娄庄镇镇区	娄庄老街	85
季市镇	季东村	铜井	92
		锡井	92
东兴镇	东兴村	旧志五桥	112
宣堡镇	银杏村	古井	114
延令街道	大生村	大生桥	125
姚王街道	封岱村	引秀桥	128
陈堡镇	唐庄村	积善桥	136
		麻石街	137
	宁乡村	太平桥	137
戴南镇	黄夏村	精贤桥	145
	徐唐村	安乐桥	146
		太平桥	146
		雄黄桥	146
	戴南镇镇区	刘家桥	149
荻垛镇	荻垛村	万盛桥	153
茅山镇	茅山镇镇区	唐代水井	157
沙沟镇	时堡村	石拱桥（迎仙桥）	167
		石码头	167
沈伦镇	薛鹏村	石板街	171
陶庄镇	卞堡村	幸福桥	173
	南柯堡村	福星桥	175
	王寺村	太平桥	176
	乌金村	共乐桥	177

张郭镇	张纪村	福星桥	184
周庄镇	周庄镇镇区	周庄石板街	192

纪念墓葬

宣堡镇	银杏村	德卿塔	115
城东镇	张家村	高谷墓	138
大垛镇	管阮村	郑板桥墓园	141
戴窑镇	韩窑村	韩贞墓	152
钓鱼镇	南赵村	杨果墓	154
新垛镇	施家桥村	施耐庵墓	178
		施让墓	179
		施廷佐墓	180
永丰镇	沙仁村	刘熙载墓	181
昭阳街道	北山村	昭阳墓	185
中堡镇	东皋村	陆孔修陵园	186

农耕文化

淤溪镇	周庄村	千垛田园	61
三水街道	小杨社区	里下河民俗馆	79
千垛镇	东旺村	千垛景区	162

古树名木

许庄街道	许庄社区	古银杏林	27
白米镇	白米镇镇区	白米百姓游园	37
	野沐村	千年银杏树	41
溱潼镇	湖南村	古黄杨树	47
淤溪镇	杨庄村	普福庵古银杏树	56
俞垛镇	俞耿村	古黄杨树	65
	叶甸村	古桂花树	65
		香橼	65
		龙柏	65
	花庄村	古黄杨树	67
顾高镇	千佛村	古银杏树	71

蒋垛镇	许庄村	百年桑树	73
大伦镇	土山村	千年银杏	83
宣堡镇	银杏村	百年梓树	115
		古银杏树"步云塔"	117
		宣堡古银杏群落	119
		古银杏树"聚仙峰"	120
	张河村	张河古银杏群落	121
张桥镇	镇西村	接引禅寺银杏树	128
昌荣镇	木塔村	木塔寺黄梅树	131
陈堡镇	蒋庄村	百年银杏树	132
海南镇	老舍村	百年皂角树	155
千垛镇	黑高村	古黄杨树	163
沈伦镇	薛鹏村	大叶女贞树	171

红色文化

苏陈镇	苏陈社区	苏北党校旧址	7
白马镇	白马社区	人民海军诞生地旧址	16
口岸街道	田河社区	田河烈士陵园	30
白米镇	马沟村	马沟阻击战纪念碑	39
	孔庄村	孔庄阻击战纪念碑	39
顾高镇	千佛村	徐克强烈士墓园	72
蒋垛镇	蒋垛镇镇区	苏维埃公园	72
张甸镇	三野村	徐克强办公旧址	86
		苏中七战首战七纵指挥部驻地纪念碑	86
季市镇	安武村	中共靖江县委弯腰沟旧址	96
生祠镇	红英村	叶飞将军南下驻留地	100
孤山镇	孤山镇镇区	原靖江革命烈士陵园	105
马桥镇	经纬村	靖江抗日烈士陵园	105
斜桥镇	新华村	夏仕港闸题词石碑	109
曲霞镇	印达村	印达烈士陵园	122
古溪镇	刁网村	中共江浙区泰兴独立支部旧址	122
黄桥镇	严徐村	黄桥战役苏北指挥部旧址纪念碑亭	123

根思乡	根思村	杨根思烈士陵园	126
新街镇	南新街村	杨村庙烈士堂	127
安丰镇	肖家村	兴化县政府旧址	130
	盛家村	华中二分区革命烈士纪念塔	130
大营镇	大营村	兴化抗日阵亡将士纪念塔	144
戴窑镇	戴窑镇镇区	中共兴化县委成立旧址	152
千垛镇	苏宋村	民兵哨所	159
竹泓镇	竹泓镇镇区	粟裕办公处	195

遗址遗迹

海陵区		古盐运河（老通扬运河）	3
华港镇	徐家垛村	桥头石鼓	12
永安洲镇	新街社区	长江江堤	31
天目山街道	单塘社区	单塘河新石器时期遗址	34
	山水社区	天目山古城遗址	35
白米镇	白米镇镇区	白米老街及街前的古盐运河	37
溱潼镇	洲城村	黄界田遗址	43
	三里泽村	三里泽遗址	50
		玄帝庙匾额	51
淤溪镇	周庄村	鲍老湖遗址	61
俞垛镇	仓场村	古海陵仓遗址	70
三水街道	小杨社区	龙尾田遗址	79
靖城街道	江华社区	十圩港西炮台	108
戴窑镇	古牛村	东古遗址	150
荻垛镇	荻垛村	董氏家教碑	153
垛田街道	芦洲村	耿家垛遗址	154
林湖乡	戴家村	南荡遗址	155
	魏东村	影山头遗址	156
千垛镇	东罗村	水龙	161
张郭镇	蒋庄村	蒋庄遗址	182

非物质文化遗产

溱潼镇	湖西社区	万富老窑	42
	洲南村	老砖窑	43
陈堡镇	蒋庄村	都天庙会	135
	唐庄村	鸬鹚捕鱼	137
戴窑镇	窑南村	戴窑窑址	151
茅山镇	茅山镇镇区	茅山会船	158

后 记

　　近年来，泰州市城建档案馆将城建档案工作与历史文化遗产的挖掘和传承紧密联系，在推出《泰州老地图集》《记忆中的乡愁——镜头里的老泰州》《泰式民居》等编研成果后，将编研选题从城市推向镇村历史遗存，与泰州市住建局村镇处联手行动，抢救性建立镇村历史遗存档案，并予以编辑出版。

　　为对有价值的历史遗存应收尽收，泰州市住建局牵头，各市（区）住建局密切配合，对泰州、靖江、泰兴、兴化建成区，溱潼、黄桥、沙沟等3个中国历史文化名镇以外的乡镇镇村范围内的历史文化遗存进行摸底调查，拍摄大量图片，形成一批基础资料。泰州市住建局组织的编研组对历史遗存基础资料进行筛选，按照形态肌理类、历史建筑类、街巷井桥类、纪念墓葬类、农耕文化类、古树名木类、红色文化类、遗址类、非遗类等9个类别进行重新编辑，最终选定历史文化遗存269项。

　　在本书编写过程中，各镇村给予了积极配合和热情支持。地方文史专家黄炳煜先生给予了业务指导，并提供了重要图文资料。泰州市文物保护研究中心王玮先生提供了重要的素材。泰州摄影家协会主席陈富平先生对有代表性的村庄形态与周边环境以及重要遗存拍摄了一批精美照片，为本书的出版锦上添花。许大才、张宏、汤德宏、方文栩、彭鹏、刘龄友等先生也提供了不少有价值的照片。泰州规划设计院原副院长曹章喜先生提供了镇村历史遗存行政区位图。苏州大学出版社编辑刘海女士为本书字斟句酌，逐一修改，保证了本书的出版质量。在此，谨对关心、帮助、支持本书出版的各界同仁致以诚挚的谢意。

由于历史遗存散布全市镇村各个点，难免有个别有价值的遗存未能收入，加之受编者水平所限，本书疏漏、谬误之处难免，敬请读者批评指正。

泰州市住房和城乡建设局

2021 年 11 月

职业素养系列规划教材

家政与生活技艺

主　编　凌　彦　房美琴
副主编　徐国峰　朱小娟
参　编　邓建君　刘　艳　卢　彬
　　　　许　宁　叶　旻　韩　美

苏州大学出版社
Soochow University Press

图书在版编目(CIP)数据

家政与生活技艺 / 凌彦,房美琴主编.—苏州:苏州大学出版社,2021.1(2021.2 重印)
职业素养系列规划教材
ISBN 978-7-5672-3470-3

Ⅰ.①家… Ⅱ.①凌… ②房… Ⅲ.①家政学－教材 ②家庭生活－教材 Ⅳ.①TS976

中国版本图书馆 CIP 数据核字(2021)第 021333 号

| 书　　名：家政与生活技艺(Jiazheng yu Shenghuo Jiyi)
| 主　　编：凌　彦　房美琴
| 责任编辑：沈　琴
| 出版发行：苏州大学出版社(Soochow University Press)
| 社　　址：苏州市十梓街 1 号　邮编：215006
| 印　　刷：苏州市深广印刷有限公司
| 邮购热线：0512-67480030
| 销售热线：0512-67481020
| 开　　本：889 mm×1 194 mm　1/16　印张：7.75　字数：180 千
| 版　　次：2021 年 1 月第 1 版
| 印　　次：2021 年 2 月第 2 次印刷
| 书　　号：ISBN 978-7-5672-3470-3
| 定　　价：34.00 元

若有印装错误,本社负责调换
苏州大学出版社营销部　电话:0512-67481020
苏州大学出版社网址　http://www.sudapress.com
苏州大学出版社邮箱　sdcbs@suda.edu.cn

致同学

每个人都是一个小太阳。

当我们张开双臂,拥抱的不只是清风,更是意气风发、激情满怀的你们。

感谢生活让我们走到一起,欢迎同学们走进职业院校的大门,开启人生崭新的旅程。

近年来,"工匠精神"逐渐成为社会关注的焦点,受到国家领导人的重视,国务院总理李克强在2016年政府工作报告中正式提出"工匠精神","工匠""匠人""匠心"一度成为搜索热词。

随着我国对职业教育的高度重视,劳动光荣、技能宝贵、创造伟大,已经成为我们时代的主流风尚,职业院校的学子们正在广阔的人生舞台上创造出属于自己的亮丽风采。2017年10月,中国代表团第4次出征世界技能大赛,获得15金7银8铜和12个优胜奖,其中江苏省常州技师学院学生宋彪在阿联酋阿布扎比举行的第44届世界技能大赛上,一举夺得工业机械装调项目金牌,并以全场最高分获得阿尔伯特·维达尔大奖,登上世界技能巅峰。2019年7月,第45届世界技能大赛在俄罗斯喀山落下帷幕,中国代表团选手获得16金14银5铜和17个优胜奖,取得了金牌榜第一、奖牌榜第一、团体总分第一的好成绩,全部获奖摘牌项目的41名选手中,来自职业院校的学生共23名,占比约56%,其中13名摘金的职校选手占全部摘金选手的65%。职业院校的学子们,用实际行动践行习近平总书记在党的十九大报告中指出的"建设知识型、技能型、创新型劳动者大军,弘扬劳模精神和工匠精神,营造劳动光荣的社会风尚和精益求精的敬业风气",奏响了新时代职业教育培育工匠精神的最强音。

亲爱的同学们,你们是社会主义祖国未来的建设者和接班人,希望你们播种新的梦想,开启新的航程,怀揣"技能成才,技能报国,做大国工匠"的远大理想,大力弘扬工匠精神,潜心学习,苦练技能,提升内涵和综合素养,练就精湛工匠技艺,在技行天下的道路上奋勇前行,用知识和技能谱写灿烂的青春。

未来的技能领军人才,未来的大国工匠,就是你们!

前言

职业院校的学生逐渐开始独立安排自己的在校生活，但往往缺乏足够的生活经验和恰当的生活技能。习近平总书记多次强调，要在全社会大力弘扬劳模精神、劳动精神，"让劳动光荣、创造伟大成为铿锵的时代强音，让劳动最光荣、劳动最崇高、劳动最伟大、劳动最美丽蔚然成风"。为深入推进职业院校课程改革，提升学生的生活审美素养，培养科学生活理念，促使学生掌握必备的独立生活知识，养成良好的生活习惯，我们编写了这本《家政与生活技艺》。

本教材以日常生活为主要研究对象，以提高生活品位、强化学生生活素质为目标，通过学习和实践来提升日常生活的劳动幸福感，帮助同学们磨炼意志，强化责任担当，切切实实地感受、体认到劳动价值，将中华民族勤俭、奋斗、创造、奉献的劳动精神发扬光大，进而尊重劳动、热爱劳动、崇尚劳动，谱写"中国梦·劳动美"的新篇章。

本教材从学生实际生活出发，内容简洁通俗，图文并茂，通过学习、分析精选案例，学生能更好地掌握理论知识；同时注重方法的有效性，强调能力训练，帮助学生养成科学的生活习惯，提高生活品质，享受到劳动的快乐。

本教材分为生活管理、居室美化和健康美味三大单元，学生通过知识讲授、典型案例及课外拓展，能切实提高审美素养，提升独立生活能力，以更好地适应现代社会发展的要求。其中生活管理单元主要介绍了整理、收纳和清洁的技能；居室美化单元介绍了居室的规划与风格、色彩与装饰和室内绿植养护知识；健康美味单元介绍了营养与卫生、中医体质辨识、快手餐饮和潮流美味等方面的基础知识和技巧。

本教材由凌彦、房美琴任主编，徐国峰、朱小娟任副主编，邓建君、刘艳、卢彬、许宁、叶旻、韩美参编，许宁同时负责相关摄影。我们在编写过程中参考了有关著作和研究成果，因篇幅有限未能一一注明，谨向原作者表示感谢。

恳请广大读者对本教材提出宝贵的意见和建议，以便修订和完善。

目录 Contents

第一单元　生活管理

第一节　整理有道 / 3
　　一、生活管理的基本途径　/ 3
　　二、整理规则　/ 4
　　课外拓展　家庭收纳协调　/ 7

第二节　收纳有方 / 8
　　一、收纳的基本规则　/ 8
　　二、家庭收纳示范　/ 10
　　三、环保收纳　/ 19
　　课外拓展　展示收纳法　/ 22

第三节　清洁高效 / 24
　　一、打扫顺序不能忘　/ 24
　　二、清洁各处有妙招　/ 24
　　课外拓展　生活小妙招　/ 29

第二单元　居室美化

第一节　规划与风格 / 33
　　一、功能和规划　/ 33
　　二、居室主流风格　/ 35
　　课外拓展　我的家，我的风格　/ 41

第二节　色彩与装饰　/ 43

一、色彩基础知识　/ 43

二、黄金配色公式　/ 46

课外拓展　如何获得独一无二的家居装饰品　/ 50

第三节　绿植养护　/ 52

一、养护基本常识　/ 52

二、室内绿植摆放　/ 58

三、常见室内绿植　/ 63

课外拓展　当红懒人切花简介　/ 68

第三单元　健康美味

第一节　营养与卫生　/ 73

一、平衡膳食　/ 73

二、保鲜卫生　/ 75

课外拓展　消毒杀菌小知识　/ 81

第二节　中医体质辨识　/ 83

一、平和质　/ 83

二、气虚质　/ 84

三、阳虚质　/ 84

四、阴虚质　/ 85

五、痰湿质　/ 86

六、湿热质　/ 87

七、血瘀质　/ 87

八、气郁质　/ 88

九、特禀质　/ 89

课外拓展　中医体质分类判定自测表（中华中医药学会标准）　/ 90

第三节　快手餐饮　/ 95

一、快手餐饮的概念　/ 95

二、营养早餐　/ 95

三、美味午餐　/ 98

四、清新晚餐　/ 101